Basiswissen

Politik / Geschichte / Ökonomie

Andreas Pittler

Geschichte der Türkei

PapyRossa Verlag

Eine Übersicht aller Titel der PapyRossa-Reihe
Basiswissen Politik / Geschichte / Ökonomie
finden Sie unter shop.papyrossa.de/basiswissen

Luxemburger Str. 202, D-50937 Köln
Tel.: +49 (0) 221 – 44 85 45
Fax: +49 (0) 221 – 44 43 05
E-Mail: mail@papyrossa.de
Internet: www.papyrossa.de

Druck: Interpress

Die Deutsche Bibliothek verzeichnet diese Publikation in der Deutschen Nationalbibliografie; detaillierte bibliografische Daten sind im Internet über http://dnb.ddb.de abrufbar

ISBN 978-3-89438-819-5

Inhalt

Vorwort

Als Mustafa Kemal, der später den Familiennamen »Atatürk« (Vater aller Türken) bekommen sollte, am 29. Oktober 1923 die Türkische Republik ausrief, forcierte er nicht nur tiefgreifende Reformen, die aus einem mittelalterlich anmutenden Gemeinwesen mit feudalen Rückständen einen modernen Industriestaat und eine Gesellschaft nach westlich-laizistischem Vorbild formen sollten; er trug auch ein Reich endgültig zu Grabe, das für ein halbes Jahrtausend ein zentraler Faktor im Weltgeschehen gewesen war.

Generation um Generation von Türken wuchs zwischen 1500 und 1900 mit der Überzeugung auf, das Osmanische Reich sei das mächtigste auf der Erde, unüberwindlich und stets siegreich. Dabei hatte der Niedergang schon nach 1683 eingesetzt und führte zu einigen verzweifelten Versuchen, das Imperium zu stabilisieren, die letztlich sämtlich scheiterten. Das Engagement des Reiches an der Seite der Mittelmächte führte schließlich am Ende des Ersten Weltkriegs zum endgültigen Untergang.

1919 sah es so aus, als würde die Türkei auf einen kleinen Flecken Erde in Zentralanatolien reduziert, während alle anderen Teile Kleinasiens den alliierten Mächten – den Briten, Franzosen, Italienern und Griechen – sowie den Kurden, die endlich ihren eigenen Staat bekommen sollten, und den Armeniern zufielen, doch Atatürk und die Seinen begannen einen Befreiungskrieg, der schließlich das Territorium jener Türkei sicherte, die wir auch heute noch kennen.

Atatürk blieb aber nach dem Ende dieses Kampfes nicht stehen, sondern modernisierte das Land von grundauf, sodass die Türkei des Jahres 1938 in jeder Hinsicht ein anderes Bild bot als das Osmanische Reich 20 Jahre zuvor. Und da Atatürk all diese Erfolge mit seiner Armee durchgesetzt hatte, kam der auch in den folgenden Jahrzehnten eine dominierende, oftmals entscheidende Rolle zu. Atatürk selbst wurde dabei zu einem Mythos, an dem bis heute nicht einmal die islamistischen Politiker der AKP vorbeikommen, die ab Beginn des 21. Jahrhunderts ihrerseits tiefe politische Einschnitte vornahmen. Die Geschichte der Türkei ist mithin eine überaus wechselvolle und bis heute in sich widersprüchliche, gleichzeitig aber auch eine faszinierende, die ihren Ursprung in einer kleinen asiatischen Völkerschaft hat, die vor mehr als tausend Jahren beschlossen hatte, gen Westen zu ziehen.

1.
Von Göktürken, Oghusen und Osmanen

Vor rund eineinhalbtausend Jahren siedelten auf dem Gebiet Zentralasiens rund 40 Völkerschaften, welche die Verwendung von verwandten Sprachen einte, nach denen sie heute gemeinhin Turkvölker genannt werden. Ins Licht der Geschichte tritt im Jahr 552 ein Stamm, der sich offenbar selbst als »Türken« bezeichnete und für das Chinesische Kaiserreich zu einem Faktor wurde, mit dem die Han-Chinesen rechnen mussten. Der Stamm der »Türk«, heute allgemein unter der Bezeichnung »Göktürken« (blaue oder Himmelstürken) bekannt, ging daran, an der Westgrenze der Chinesen ein eigenes Imperium zu zimmern, das sich allmählich Richtung Westen ausdehnte. Vieles im Zusammenhang mit dem Reich der Göktürken liegt im Dunkel der Geschichte und wirft für die Historikerzunft Fragen auf. So berichten chinesische Quellen, dass das Reich der Göktürken unter Bumin und Istami ein Khanat begründet habe, wobei beide Namen eher iranische als türkische Wurzeln aufweisen. Mangels eigener göktürkischer Quellen muss die Frage, ob die Elite der Göktürken möglicherweise eine andere ethnische Zusammensetzung aufwies oder aber einfach nur die Personennamen in den chinesischen Schriften falsch wiedergegeben wurden, offenbleiben. Fakt ist jedoch, dass die Göktürken in den folgenden 50 Jahren eine bemerkenswerte Expansion ins Werk setzten, die ihr Reich zu einer Größe anwachsen ließ, die an jene des Mongolenreichs von Dschingis Khan gemahnt. Um 600 reichte ihr Imperium von der heutigen Ostgrenze der Mongolei über die heutigen Staaten Kasachstan, Tadschikistan, Kirgistan, Usbekistan und Turkmenistan bis an das Asowsche Meer und in die heutige Ukraine. So schnell allerdings das Reich errichtet worden war, so schnell zerbrach es auch wieder, was nicht zuletzt daran lag, dass sich der göktürkische Expansionismus am Reich der Han-Chinesen die Zähne ausbiss. 630 musste sich der östliche Teil des Reiches dem chinesischen Kaiser unterwerfen, drei Jahrzehnte später wurde der Westteil zwischen dem Persien der Sassaniden und China zerrieben.

Relevant für den Fortgang der Geschichte ist dabei der Stamm der Oghusen (Oğuzlar, Ouzoi). Einer der oghusischen Heerführer, Seldschuk, überwarf sich um das Jahr 1000 mit dem Oberhaupt des Stammes und wich nach Persien aus, wo er seine eigene Dynastie und, folgt man der Legende, sein eigenes Volk begründete: die Seldschuken. Seldschuks Enkel Tughrul Beg (Tuğrul Bey) brachte weite Teile des nördlichen Irak und des nördlichen Iran unter seine Kontrolle und ließ sich vom Kalifen in Bagdad den Ehrentitel Sultan verleihen. Unter seinem Nachfolger Alp Arslan wandten sich die Seldschuken gen Westen und besiegten 1071 die Byzantiner in der Schlacht bei Manzikert, womit der Grundstein zur allmählichen Landnahme der heutigen Türkei gelegt wurde. Bis in die Mitte des 12. Jahrhunderts verlor das Oströmische Reich jedwede Kontrolle über Anatolien und begann, diesem Faktum Folge tragend, die Region als das Land der »Tourki« (Tourkia) zu bezeichnen. Da die Seldschuken aber auf dem Gebiet, das einstmals Rom beherrscht hatte, siedelten, bürgerte sich auch bald der Terminus »Rum-Seldschuken« für sie ein. Deren Reich ging in der Mitte des 13. Jahrhunderts in den Mongolen-Stürmen unter.

Allerdings fluteten die Mongolen beinahe ebenso rasch wieder in Richtung Osten zurück, wie sie im osteuropäischen und kleinasiatischen Raum erschienen waren. Das so entstandene politische Vakuum verstand ein »Gazi« (Heerführer) für sich zu nutzen. Osman errichtete 1281 östlich von Bursa und südlich von Nicaea ein kleines Stammesfürstentum, mit dem er zum Ahnvater des Osmanischen Reiches werden sollte.

Der Aufstieg des neuen Imperiums vollzog sich in atemberaubender Geschwindigkeit. 1326 konnten die »Osmanen« Bursa zu ihrer Hauptstadt machen, bereits wenige Jahre später setzten sie nach Europa über und errangen mit Adrianopel (Edirne), das ab 1368 die neue Metropole des Reiches war, einen wichtigen Brückenkopf in Osteuropa, von wo aus die Expansion auf den Balkan, aber auch Richtung Mitteleuropa vorangetrieben wurde. Die Eroberung Konstantinopels 1453 machte das Osmanische Reich endgültig zu einer Großmacht, die für die kommenden vier Jahrhunderte die Geschicke Europas, aber auch Nordafrikas und des Nahen Ostens maßgeblich mitbestimmen sollte. Der scheinbar unaufhaltsame Siegeszug der Osmanen endete erst 1683 mit der Niederlage vor Wien, die auch den langsamen Niedergang des Reiches einleitete, wenngleich die »Türkei« noch bis in die zweite Hälfte des 19. Jahrhunderts ein machtpolitischer Faktor ersten Ranges bleiben sollte.

Tatsächlich strahlte die Bedeutung des Sultanreichs weit über die eigentlichen Grenzen des Staatswesens hinaus. Der Herrscher in Konstantinopel war zur unumstrittenen Führungsfigur der islamischen Welt geworden, die osmanischen Rechtsvorschriften, vor allem die Verflechtung der religiös begründeten Scharia mit der »zivilgesetzlichen« Kodifizierung des »Kanun«, der Sammlung von Erlässen der Sultane, wurde zur Richtschnur für alle Muslime, die nicht der Schule der Schiiten angehörten. Dies umso mehr, als sich das Osmanische Reich bis an den Atlantik und (beinahe) den Indischen Ozean ausgebreitet hatte, wodurch es auch in den Besitz der heiligen Stätten Mekka und Medina gelangt war. Noch im 17. Jahrhundert grenzte das Reich der Osmanen im Norden an Polen, im Westen reichte es bis Marokko, im Osten bis Persien und im Süden bis an die Quellen des Nil, wobei zeitweise sogar Teile Äthiopiens und Somalias unter osmanischem Einfluss standen. Mit dem politischen Siegeszug einher ging eine bemerkenswerte Blüte der Architektur, der feinen Künste und der höfischen Kultur, die jedoch just zum Zeitpunkt der größten Machtentfaltung vermehrt dekadente Züge annahm, die zum Niedergang des Imperiums das Ihre beitrugen.

Dass die Osmanen 1672 bis nach Kamenez in Podolien vorstießen, verhieß eine neue Phase des Aufschwungs, doch die – in dieser Form nicht erwartete – Niederlage vor Wien elf Jahre später führte dazu, dass die Osmanen in den folgenden Jahrzehnten tief in den Balkan zurückgedrängt wurden und Provinzen wie Ungarn, die Vojvodina und – in weiterer Folge – die Bukowina dauerhaft verloren gingen. Ermutigt durch die Erfolge der Habsburger begann auch Zar Peter der Große einen Feldzug gegen den muslimischen Gegner, der den Auftakt zu einer Art Erbfeindschaft zwischen Russen und »Türken« bildete. Der Friede von Kücük Kaynarca 1774 besiegelte schließlich auch das Ende der osmanischen Herrschaft über die slawischen Gebiete nördlich und westlich des Schwarzen Meeres, wodurch sich das Osmanische Reich mehr und mehr aus Europa hinausgedrängt sah. Diese Entwicklung stachelte auch die Balkanvölker dazu an, die osmanische Oberherrschaft abzuschütteln. 1804 kam es zum ersten serbischen Aufstand, zwischen 1821 und 1829 konnte Griechenland seine Unabhängigkeit erkämpfen, und auch an den Südgrenzen des Reiches, in Nordafrika, verselbständigten sich vermehrt Provinzen, während die Osmanen gleichzeitig alle Hände voll zu tun hatten, sich der vordringenden Perser zu erwehren. Der beginnende Kolonialismus Frankreichs, das 1830 Algerien eroberte, und Großbritanniens bedeutete eine zusätzliche Bedrohung für das wankende Imperium, das bald den Spottnamen »Kranker Mann am Bosporus« erhielt.

Zwar versuchten einzelne Herrscher – so Selim III. und Mahmud II. –, das Reich durch Reformen zu stabilisieren, dauerhafte Erfolge blieben jedoch aus. Das 19. Jahrhundert reihte für das Imperium Niederlage an Niederlage, in deren Zuge die Osmanen fast aller Provinzen verlustig gingen. 1878 bestätigten die europäischen Großmächte die Unabhängigkeit Serbiens, Montenegros, Rumäniens und Bulgariens, 1882 eroberten die Briten Ägypten, und zu Beginn des 20. Jahrhunderts verloren die Osmanen mit Libyen den letzten verbliebenen Besitz in Afrika, während sie zur selben Zeit in Europa auf jenen kleinen Teil Thrakiens reduziert wurden, der auch heute noch Bestandteil der Türkischen Republik ist.

Wenig verwunderlich also, dass sich politische Kräfte sammelten, deren Ziel eine grundlegende Umgestaltung des taumelnden Staates war. Unter dem Sammelbegriff »Jungtürken« formierten sich Zirkel, die darauf hinarbeiteten, dem Land eine Konstitution und eine wirtschaftliche Modernisierung zu geben. Träger der Bewegung waren mittlere Beamte und Militärs, die aus eigener Anschauung erkannten, dass eine Fortsetzung der herrschenden Politik das Ende des Reiches bedeuten würde. 1907 trafen sich die Protagonisten der jungtürkischen Strömung in Saloniki, um dort ein »Komitee für Einheit und Fortschritt« aus der Taufe zu heben, dem es innerhalb weniger Monate gelingen sollte, nicht nur den Sultan abzusetzen, sondern auch erstmals so etwas wie ein parlamentarisches Regime zu etablieren.

2.
Der Erste Weltkrieg und der Untergang des Osmanischen Reiches

Die Bildung neuer politischer Kräfte wie der »Jungtürken« war eine direkte Folge des Scheiterns der Reformversuche von oben. Der Nachfolger Mahmud II., sein Sohn Abdulmecid I., hatte 1839 durch das Edikt von Gülhane versucht, sein Regime durch eine partielle Demokratisierung zu stabilisieren. Erstmals in der Geschichte des Osmanischen Reiches gab ein Sultan eine Erklärung ab, in der er sich zur Wahrung der bürgerlichen Freiheitsrechte bekannte. Die nach dem türkischen Wort für Verordnung oder Erlass bezeichnete Tanzimat-Periode sollte das Staatswesen – etwa in den Bereichen Justiz, Bildung Bürgerrechte oder Steuerangelegenheiten – insbesondere nach französischem Vorbild erneuert werden, ohne dabei die Herrschaft der Dynastie selbst anzutasten. Dementsprechend war das Reformwerk eine Mischung aus Absichtserklärungen, formaljuristischen Zugeständnissen und abstrakter Willensbekundung. Immerhin aber mündeten diese Bemühungen in der Verfassung von 1876, in der auch ein eigenes Parlament nach westlichem Vorbild vorgesehen war. Allerdings beendete Abdulmecids Nachfolger Abdulhamid schon im Juli 1878 alle diesbezüglichen Bestrebungen und regierte ab diesem Zeitpunkt wieder absolutistisch. Dieser Schritt schien dem Sultan unumgänglich, da er kurz zuvor in einem neuerlichen Krieg mit dem zaristischen Russland eine verheerende Niederlage erlitten hatte, die die Russen kurzfristig sogar bis vor die Tore Istanbuls geführt hatte, weshalb Abdulhamid damit rechnen musste, vom Parlament für sein politisches Versagen zur Verantwortung gezogen zu werden. Eine Konsequenz, der er sich durch die Abschaffung der Volksvertretung entzog.

Galt sein Reich schon seit dem Krimkrieg (1853-1856) als »krank«, so schien es nunmehr endgültig auf dem Totenbett zu liegen. Nicht zuletzt infolge eines 1838 abgeschlossenen Freihandelsabkommens mit Großbritannien war die Abhängigkeit von europäischen Märkten – bei Export von Rohstoffen und Import von Produkten – wie auch die Auslandsverschuldung zunehmend gestiegen. Ein Staatsbankrott 1881 führte dazu, dass die Finanzen des Reichs durch ein internationales Konsortium unter britisch-französischer Führung kontrolliert wurden, welches verfügte, das Gros der Einnahmen direkt für den Schuldendienst aufzuwenden, wodurch sich die wirtschaftliche Lage des Osmanenreiches weiter dramatisch verschlechterte. Weitere außenpolitische Nackenschläge wie der Verlust Ägyptens 1882 und Tunesiens 1888 verschärften den allgemeinen Unmut mit der Herrschaft Abdulhamids, der seine Herrschaft schließlich nur noch durch kaum camouflierten Terror aufrechterhalten konnte.

Um sein Regime wenigstens halbwegs zu stabilisieren, knüpfte Abdulhamid enge Bande an das Deutsche Kaiserreich, dem er weitreichende Konzessionen machte. Er öffnete sein Land für deutsche Investoren – die Deutsche Bank etwa war an der Bagdadbahn beteiligt –, zudem holte er Militärs ins Land, deren Aufgabe es war, die osmanische Armee grundlegend zu modernisieren. Gleichzeitig schürte Abdulhamid gezielte islamistische Ressentiments gegen die christlichen Minderheiten im Land, um dergestalt ein gemeinsames Feindbild zu kreieren, das von Abdulhamids Versagen ablenken sollte. Zwischen 1894 und 1896 kam es zu mehreren Massakern an der armenischen Bevölkerung, und auch die Griechen hatten, wenn auch in weit geringerem Ausmaß, unter dem religiös motivierten Terror zu leiden. Dessen ungeachtet war erkennbar, dass der osmanische Staat mit solchen Methoden nicht zu retten war.

Den Jungtürken freilich war bewusst, dass eine Diktatur, wie sie Abdulhamid aufrechterhielt, auf friedlichem Wege nicht überwindbar erschien. Die Protagonisten dieser Strömung erhoben sich daher im Juli 1908 zeitgleich in Bitola und Saloniki, wobei sie einen Marsch auf Istanbul ankündigten, um dort mit der Macht ihrer Truppe die Wiedereinsetzung der 1878 suspendierten Verfassung zu erzwingen. Allein schon diese Willensbekundung sorgte dafür, dass Abdulhamid einknickte. Einen Tag später setzte er die Verfassung wieder in Kraft und schaffte Ausnahmezustand und Zensur ab. In den folgenden Tagen wurde das Gros der politischen Gefangenen freigelassen, zudem wurden für den Herbst Wahlen zu einem neuen Parlament in Aussicht genommen. Tatsächlich eröffnete Abdulhamid am 10. Dezember 1908 die neue Volksvertretung, die unter überraschend liberalen Bedingungen gewählt worden war, was dazu geführt hatte, dass sogar mehrere Sozialisten ins Parlament gewählt worden waren. Doch der Sultan machte nur gute Miene zu für ihn bösem Spiel. Hinter den Kulissen bereitete er einen Staatsstreich vor, mit dem er ein zweites Mal parlamentarischer Herrschaft ein Ende bereiten konnte. Am 13. April 1909, nur vier Monate nach Beginn der zweiten konstitutionellen Periode, putschten knapp 6.000 Soldaten mit einigen Studenten und etlichen islamischen Geistlichen an ihrer Seite gegen die Volksvertretung und forderten die sofortige Einführung der Scharia als einzige juristische Instanz für das Reich. Der Aufstand konnte von den jungtürkischen Truppen recht rasch niedergeworfen werden, und als Konsequenz aus den Ereignissen setzte das Parlament Abdulhamid ab. Abdulhamids Bruder wurde als Mehmed V. auf den Thron gehoben, wobei von Anfang an kein Zweifel daran gelassen wurde, dass nunmehr die Jungtürken und nicht mehr ein Sultan das Sagen hatten.

Doch deren Herrschaft stand unter keinem guten Stern. Zahlreiche politische Niederlagen – 1910 ging Kreta verloren, 1911 wurde Libyen italienische Kolonie, 1912 wurde das Osmanische Reich im ersten Balkankrieg vernichtend geschlagen – sorgten dafür, dass die Popularität des neuen Systems rasch dahinschwand. Dass die Jungtürken nicht ebenso schnell von der politischen Bühne verschwanden, wie sie auf ihr erschienen waren, verdankten sie einzig dem Umstand, dass Serbien, Griechenland und Bulgarien sich nicht auf eine Aufteilung der Kriegsbeute einigen konnten, weshalb 1913 ein zweiter Balkankrieg ausbrach, den die Jungtürken dazu nutzen konnten, das im Jahr zuvor verlorene Edirne wieder zurückzuerobern.

Die Lehre, die die Jungtürken aus der Krise der Jahre 1911 bis 1913 zogen, war, sich nicht länger auf die Unterstützung des Parlaments zu verlassen. Wenngleich sie es nicht formal auflösten, so regierten sie in ihrer zweiten Machtphase weitgehend autoritär.

Doch war ihnen dabei durchaus bewusst, dass eine Herrschaft, auch wenn sie sich auf Bajonette stützt, kaum von Dauer ist, wenn es ihr nicht gelingt, ihre Macht auch ideologisch zu unterfüttern. Die Jungtürken stützten sich inhaltlich – wie später auch Atatürk – auf die Thesen von Ziya Gökalp, der einen türkischen Nationalismus propagierte, welcher sich vom Einfluss arabischer Islam-Auffassungen zu reinigen habe. Es brauche, so Gökalp, ein völlig autonomes Türkentum, das weder von mittelalterlich anmutendem Stammesdenken noch von ideologiefreiem westlichem Modernismus abhängig sei. Allerdings gelte es auch, vom Westen zu lernen, um auf Basis dieser Erfahrungen einen eigenen, türkischen, Weg gehen zu können. Dementsprechend öffneten sich die Jungtürken westlichen Gepflogenheiten, was unter anderem darin zum Ausdruck kam, dass sich 1912 erstmals Türken an den Olympischen Spielen beteiligten. Zudem gründeten sich Anfang des Jahrhunderts die großen Istanbuler (Fußball-)Klubs Fenerbahçe, Galatasaray und Beşiktaş, deren Popularität bis zum heutigen Tag ungebrochen ist. Schließlich erlaubten die Jungtürken auch in der Kultur etliche Neuerungen, die von der traditionellen islamischen Gesellschaft als Tabubrüche gewertet wurden. So durften erstmals türkische Frauen auf der Bühne stehen, was die Gralshüter der islamischen Lehre als unanständig und widernatürlich ansahen.

Und war bis zur Machtübernahme der Jungtürken das Schulwesen ausnahmslos in den Händen der muslimischen Geistlichkeit gelegen, so wurde der Bildungsbereich nun unter die Kontrolle der Regierung gestellt. Dies bedeutete auch die Öffnung der Schulen für Mädchen und die Errichtung eigener Berufsschulen für Frauen, die damit erstmals in der Geschichte des Osmanischen Reiches das Recht auf eine eigene Ausbildung erhielten. Konsequenterweise schuf man ein eigenes Familienrecht, durch das die Ehe aus dem religiösen Bereich herausgelöst wurde. Schließlich führten die Jungtürken auch Fremdsprachenunterricht ein, um auf diese Weise eine neue Elite heranzuziehen, die auf dem internationalen Parkett bestehen können würde. Binnen weniger Jahre wurde damit das vordem rückwärtsgewandte Imperium entlang westlicher Orientierung reformiert.

Allerdings stand das Reich international gesehen weiterhin als schwach und überaus fragil da. Das jungtürkische Triumvirat aus Kriegsminister Enver, Marineminister Cemal und Innenminister Talat meinte, alten Glanz nur durch eine Allianz mit den Mittelmächten zurückgewinnen zu können, da diese die erklärten Feinde der Russen, der Briten und der kleinen Balkanvölker waren. Im Bündnis mit Wilhelm II. hoffte das Triumvirat, verloren gegangene Gebiete auf dem Balkan, am Schwarzen Meer und im Nahen Osten zurückgewinnen zu können. Dass kurz nach Beginn des Weltkriegs unter wohlwollender Duldung des Deutschen Kaiserreichs ein Genozid an den Armeniern vollführt wurde, verschaffte Enver und seinen Mitstreitern zwar die Zustimmung radikaler Kreise innerhalb Anatoliens, diskreditierte die jungtürkische Regierung jedoch auf der internationalen Bühne und sorgte dafür, dass die Entente die Araber ermutigte, die türkische Oberherrschaft abzuschütteln.

Tatsächlich lastet der Genozid an den Armeniern bis zum heutigen Tag auf der Türkei, wo sowohl das Ausmaß als auch das Verbrechen an sich noch immer von vielen geleugnet wird. Zum nationalistischen Narrativ gehört es, die »Maßnahmen« gegen die Armenier als eine Art Selbstschutz darzustellen, da sich die christlichen Armenier als fünfte Kolonne des Russischen Reiches erwiesen hätten. Die radikalen Kreise um Talat wollten die Armenier daher vollkommen auslöschen, was letztlich nur an den begrenzten Möglichkeiten scheiterte, die der türkischen Armee zur Verfügung standen. Dessen ungeachtet starben bei gezielten Pogromen, bei »spontanen« Übergriffen und bei brutalen Vertreibungen (die in wahre Todesmärsche ausarteten) je nach Zählart zwischen einer und zwei Millionen Armenierinnen und Armenier.

Im Krieg selbst erwies sich die osmanische Armee als ziemlich schwach. An fast allen Fronten erlitt sie verlustreiche Niederlagen, allein an den Dardanellen und bei Gallipoli, wo ein junger Offizier namens Mustafa Kemal Befehlsgewalt ausübte, konnte sie der Entente die Stirn bieten. Und durch den Zusammenbruch des Zarenreichs schien der Krieg für die Osmanen sogar noch einen versöhnlichen Ausgang zu nehmen, da sie bei den Friedensverhandlungen in Brest-Litowsk mit einer Delegation vertreten waren, wo ihnen drei zuvor im Besitz der Russen befindliche Provinzen zugesprochen wurden. Allerdings erlitt man kurz darauf am arabischen Kriegsschauplatz entscheidende Rückschläge, gelang es doch den Briten und Arabern zuerst Aqaba, dann Jerusalem und schließlich sogar Damaskus einzunehmen. Im Herbst 1918 stand das Osmanische Reich mit dem Rücken zur Wand, und mit der Kapitulation Deutschlands und Österreichs war es auch um das Imperium des Sultans geschehen.

Anders als in Mitteleuropa rückten die Alliierten in den besiegten Staat ein und etablierten in Istanbul ein Besatzungsregime, das den Handlungsspielraum der neuen Regierung von vornherein auf nahezu Null reduzierte. Enver, Talat und Cemal, die intern für die Niederlage und extern für die zahlreichen Kriegsverbrechen verantwortlich gemacht wurden, flohen im November 1918 aus der Stadt, wurden jedoch alle drei binnen weniger Jahre von ihrer Vergangenheit eingeholt. Talat und Cemal wurden 1921 bzw. 1922 jeweils von armenischen Attentätern erschossen, Enver, der in der Gegend um Buchara versuchte, einen panturkischen Staat aufzurichten, fiel im August 1922 im Kampf gegen die Rote Armee Leo Trotzkis.

Die Friedensverhandlungen in Sèvres offenbarten rasch, was die Entente mit dem Osmanischen Imperium zu machen gedachte. Bei einer Umsetzung der alliierten Pläne wäre die neue Türkei beinahe auf jenes Territorium reduziert worden, das 750 Jahre zuvor Osman beherrscht hatte. Konkret sollten alle Besitzungen im Nahen Osten an Frankreich und Großbritannien gehen. Griechenland erhielt Ostthrakien und Kleinasien, Italien die südliche Mittelmeerküste, während Frankreich die östliche bekommen sollte, sodass der neuen Türkei nur ein schmaler Küstenstreifen südlich von Konya verblieb. Zudem war die Gegend rund um Trabzon bis zum Van-See als Teil eines zu schaffenden Groß-Armenien ausersehen, während für die Region östlich des Nemrut Dağ rund um Diyarbakır ein autonomes Kurdistan in Aussicht genommen war. Der Großraum Istanbul stellte eine internationale Zone dar, die Griechen, Briten, Franzosen und Italiener gleichberechtigt zu verwalten gedachten. Was übrig blieb, im Wesentlichen Zentralanatolien um Ankara, das sollte die Türkei sein. Kein Wunder, dass ein Schrei der Empörung durch das gesamte Land ging. Allen Beteiligten war klar, dass die Umsetzung dieser Bedingungen die Existenz einer selbständigen Türkei in den Bereich der Unmöglichkeit rückte.

Doch die extrem harten Konditionen erwiesen sich als Segen für die Reste der jungtürkischen Bewegung, in der zwischenzeitlich junge Aktivisten wie Mustafa Kemal oder Ismet nachgerückt waren. Erschien ihre Partei unmittelbar nach der Niederlage 1918 auf lange Zeit diskreditiert, so erhielt sie bereits ein Jahr später neuen Zulauf, da sie auf der Basis eines nun rein türkischen Nationalismus gegen die Pläne der Alliierten mobilmachte. Als die Regierung des Sultans im August 1920 das Diktat unterschrieb, avancierte sie im Handumdrehen zum neuen Feindbild im Lande. Mustafa Kemal nutzte die Gunst der Stunde und sagte sich öffentlich vom Sultan und dessen Kabinett los. In Ankara formierte sich eine Art türkischer Nationalkongress, der die Beschlüsse von Sèvres nicht anerkannte und sich anschickte, eine Gegenregierung zu Istanbul zu bilden.

Die Formierung der Linken in der Türkei

In den 1860er und 70er Jahren kam es zu ersten nennenswerten Streiks, so in Kohlebergwerken, bei der Eisenbahn, in Werften, Zeughäusern oder Druckereien. Bei noch geringer

Industrialisierung keimten in diesen Jahren Ansätze einer Arbeiterbewegung auf. Indes hatten es sozialistische Ideen aufgrund der spezifischen Bedingungen im Osmanischen Reich eher schwer, auf fruchtbaren Boden zu fallen. Zumeist waren es die Vertreter nationaler Minderheiten, die ob ihrer besonderen Situation für linkes Gedankengut aufgeschlossen waren, so vor allem im europäischen Teil des Imperiums, wo sich am Ende des 19. Jahrhunderts punktuell proletarische Schichten entwickelten. Zum Zentrum sozialistischer Strömungen entwickelte sich Saloniki, wo vor allem Griechen, aber auch Bulgaren und Juden linke Zirkel bildeten. Am anderen Ende des Reiches formierten sich zwischen 1887 und 1890 zwei rivalisierende armenische Organisationen, die »Huntschaken« einer- und die »Daschnaken« andererseits. Erstere wurden 1887 als »Sozialdemokratische Partei« gegründet und waren somit die erste deklarierte sozialistische Partei auf dem Boden des Osmanischen Reiches, die sich in ihrem Programm zur Aufhebung des Privateigentums an Produktionsmitteln ebenso bekannte wie zur Errichtung einer klassenlosen Gesellschaft. Zweitere, offiziell »Armenische Revolutionäre Föderation« geheißen und 1890 ins Leben gerufen, war – im Gegensatz zu ihrem Namen – eher eine reformorientierte und insgesamt weitaus nationalistischere Organisation. Gemeinsam war ihnen allerdings, dass sie Gewalt als Mittel der Politik keineswegs ausschlossen. Zu einer gewissen Bekanntheit brachte es Sivaslı Murat (Murad von Sebasteia), der zunächst bei den Huntschaken, dann bei den Daschnaken aktiv war und 1909 mit vier weiteren Genossen in das osmanische Parlament gewählt wurde. Ungeachtet seiner Herkunft (er besuchte keine Schule und war erst Hirte, dann Lastenträger) erwarb er beachtliche Bildung und machte sich in der Folge im Gebiet zwischen Sivas und Van um die Errichtung von Schulen, Volkshäusern und Theatern verdient, wobei er – unüblich für seinen Hintergrund – auch eifrig für die Gleichberechtigung der Frau eintrat. 1915 musste er im Zusammenhang mit dem Völkermord an den Armeniern in den Untergrund gehen und führte eineinhalb Jahre lang einen Guerillakrieg gegen die Osmanische Armee, ehe er Ende 1916 nach Batumi in Georgien flüchtete.

Erst nach dem Sieg der Jungtürken formierte sich 1910 eine genuin türkische Sozialistische Partei, die jedoch auf intellektuelle Zirkel in Istanbul beschränkt blieb und kaum mehr als ein- bis zweihundert Sympathisanten zählte. Erst im Zuge der militärischen Niederlage im Weltkrieg und den damit einhergehenden sozialen Verwerfungen radikalisierten sich breitere Teile der Bevölkerung, sodass im Sommer 1919 die »Türkische Arbeiter- und Bauernpartei« gegründet werden konnte (der übrigens auch der impressionistische Maler Namık Ismail angehörte), deren Programm weitgehend jenem der Bolschewiki entsprach. Genau deshalb schien es jedoch naheliegend, sich mit anderen linken Gruppen zu einer Kommunistischen Partei als Mitglied der Kommunistischen Internationale zu vereinigen. Vorarbeiten zu diesem Zusammenschluss hatte Mustafa Suphi geleistet, der im Ural mit bolschewistischem Gedankengut vertraut worden war und im März 1919 als türkischer Delegierter an der Gründung der Kommunistischen Internationale teilgenommen hatte. Schließlich traf man im sowjetischen Baku zusammen, um unter Einschluss ehemaliger türkischer Kriegsgefangener in der Sowjetunion im September 1920 die Türkische Kommunistische Partei zu gründen, die sofort als Mitglied der Komintern anerkannt wurde. Als jedoch das 15-köpfige Zentralkomitee unter Generalsekretär Suphi im Januar 1921 versuchte, in die Türkei zurückzukehren, wurden alle Mitglieder des ZK ohne Ausnahme ermordet, wobei bis zum heutigen Tag unklar ist, wer für diese Tat verantwortlich ist. Vermuten nicht wenige Historiker, dass die Führung unter Kemal sich ihrer politischen Rivalen entledigen wollte, so gibt es auch die These, dass der exilierte jungtürkische Anführer Enver die Morde in Auftrag gab. Fakt bleibt jedoch, dass die junge Bewegung mit einem Schlag ihre gesamte Leitung verloren hatte.

Mustafa Kemal war sich jedenfalls des Gewichts bolschewistischer Ideen innerhalb der landlosen Bevölkerung durchaus bewusst und versuchte daher, diese Strömungen durch die Gründung einer eigenen, von ihm gelenkten »Offiziellen Kommunistischen Partei« zu kanalisieren, wobei es nicht einer gewissen Ironie entbehrt, dass er dazu ausgerechnet einen tscherkessischen Briganten namens Ethem instrumentalisierte, der sich 1920 durch die Niederschlagung des (sozialen) Aufstands in Yozgat hervorgetan hatte. Ethem sammelte an die 700 Kämpfer um sich, die, als »bolschewistisches Bataillon« bezeichnet, an der Seite Atatürks gegen die Griechen kämpften und gleichzeitig Sympathien bei der Sowjetregierung evozieren sollten. Ethem stieg seine Rolle als »bolschewistischer Führer« jedoch rasch zu Kopf, und als sich Mustafa Kemal und vor allem Mustafa Ismet (später Ismet Inönü genannt) gegen ihn wandten, flüchtete er im Januar 1921 auf die andere Seite der Front zu den Griechen. Damit fiel aber auch die besondere Funktion, die Mustafa Kemal »seiner« KP zugedacht hatte, weg, sodass er sie noch im selben Jahr still und leise beerdigte.

Die eigentliche TKP benötigte beinahe ein Jahr, um sich wieder zu konsolidieren. Ende 1921 konzentrierten sich kommunistische Zirkel vor allem auf Gewerkschaftsarbeit in Istanbul, wo im August 1922 auch der zweite Parteitag der TKP abgehalten wurde. Wiewohl die Partei formell noch nicht verboten war, kam es immer wieder zu Polizeischikanen und zu Übergriffen auf Kommunisten, die von den Behörden nicht nur geduldet, sondern oftmals auch explizit wohlwollend zur

Kenntnis genommen wurden. Drei Jahre später ermunterte die Komintern die TKP zu einem deutlich radikaleren Auftreten, wozu auch die Gründung der Zeitung *Orak-Çekiç* (Hammer und Sichel) diente, die phasenweise unter der Redaktion des später als Dichter zu Weltruhm gelangendem Nâzım Hikmet stand. 1925, unmittelbar nach dem 3. Parteitag, wurde die Partei jedoch endgültig verboten, ihre Anhänger wurden in den Untergrund gezwungen. In drei großen Verhaftungswellen gelang es der Regierung, praktisch aller führenden Linken habhaft zu werden, wobei sich die TKP durch Flügelkämpfe selbst schwächte. Nachdem die Parteiführung zunächst nach Wien ausgewichen war, wo 1926 eine Parteikonferenz zur Ausarbeitung eines auf die Thesen Stalins ausgerichteten Parteiprogramms abgehalten wurde, gingen die meisten führenden Kommunisten, die noch nicht in türkischen Gefängnissen saßen, ins sowjetische Exil, wo ihr Einfluss auf die türkische Arbeiterklasse endgültig schwand. Zu einem neuerlichen Aufschwung der Linken sollte es erst wieder Ende der 1950er Jahre kommen.

3.
Auf dem Weg zur Republik

Mustafa Kemal kehrte 1918 von einem Kuraufenthalt in Marienbad und einer Erholungsphase in Wien in das besiegte Land zurück. Er, der Held von Gallipoli, der enge Vertraute des Sultans Mehmed VI., dessen persönlicher Adjutant er gewesen war, musste erkennen, dass für ihn kein wie auch immer gearteter Platz im neuen Machtgefüge vorgesehen war. Nach langem Antichambrieren trug man ihm auf, die Demobilisierung der osmanischen Einheiten an der Schwarzmeerküste zu überwachen, eine Aufgabe, die kaum weniger demütigend hätte ausfallen können. Im Mai 1919 landete er auf einem Schiff in Samsun.

Zu diesem Zeitpunkt hatte sich das Rad der Geschichte ein weiteres Mal gedreht. Allerorten organisierte sich Widerstand gegen die drakonischen Pläne der Siegermächte. Es kam zu bewaffneten Auseinandersetzungen, auf die Großbritannien und Frankreich nicht reagieren konnten, da sie einerseits ihren Bevölkerungen so kurz nach dem siegreichen Kriegsende nicht schon wieder einen militärischen Einsatz zumuten konnten und andererseits mit ihren noch verfügbaren Einheiten am russischen Kriegsschauplatz engagiert waren. Naheliegenderweise ermunterten sie daher Griechenland, das einer der großen Gewinner des Friedensvertrages mit dem Osmanischen Reich – des Vertrags von Sèvres – sein sollte, seine Sache selbst auszufechten. Unterstützt von alliierter Logistik gingen die Griechen daran, in Kleinasien Nägel mit Köpfen zu machen.

Die Besetzung Izmirs (Smyrnas) im Mai 1919 sollte dabei die Ausgangsbasis für ein breites Aufrollen des kleinasiatischen Hinterlandes darstellen. Doch allein schon die Tatsache, dass eine zentrale Stadt des Osmanischen Reiches plötzlich unter griechischer Jurisdiktion stand, fachte den Widerstandswillen der Türken neu an. In Istanbul kam es zu spontanen Massendemonstrationen, welche die Briten veranlassten, exponierte Vertreter der nationalistischen Richtung zu verhaften und nach Malta zu deportieren.

Mustafa Kemal sagte sich daraufhin vom Sultan los, quittierte den Dienst in der Armee und verfasste das »Rundschreiben von Amasya«, das an alle administrativen und militärischen Instanzen in Anatolien verschickt wurde. Die Heimat, so hieß es in dem Dokument, sei in Gefahr, Widerstand daher nationale Pflicht, zumal die Regierung in Istanbul eine Geisel der ausländischen Besatzer sei. Bewusst vermied Kemal jede Kritik an islamischen Würdenträgern oder dem Sultan, sondern konzentrierte sich darauf, die allgemein unbeliebte Regierung zu verdammen, um auf diese Weise auch jene Kreise anzusprechen, die mit den jungtürkischen Ideen nichts am Hut hatten, gleichwohl den jüngsten Entwicklungen ablehnend gegenüberstanden. Zudem erkannte er, dass ein rein militärischer Widerstand kaum große Chancen auf Erfolg haben konnte, wenn er nicht von der breiten Masse der Bevölkerung getragen wurde. Aus diesem Grund bemühte sich Kemal, landesweit Volkskongresse abzuhalten, auf denen die Türkinnen und Türken auf die Ziele der Widerstandsbewegung eingeschworen werden sollten. Deren Basis bildete größtenteils die Bauernschaft, sie umfasste aber auch Arbeiter und Handwerker, Beamte und Offiziere sowie die Intelligenz und Teile der einheimischen Bourgeoisie.

Der erste dieser Kongresse fand im Juli 1919 in Erzurum statt. Unter Kemal, der zum Vorsitzenden gewählt worden war, postulierte dieser die Unteilbarkeit der türkischen Nation und ihres Staates und proklamierte die volle Unabhängigkeit und Souveränität der Türkei unter Wiedereinsetzung einer entsprechenden Volksvertretung als primäres Ziel der Bewegung. Anfang September setzte der Kongress von Sivas unter Kemals Leitung ein aus 15 Personen bestehendes Repräsentativkomitee ein, das de facto eine Gegenregierung zur offiziellen in Istanbul bildete. Unverhohlen drohte die Führung unter Kemal den Zentralstellen in der alten Hauptstadt mit Konsequenzen, sollte sich diese nicht der Kongressbewegung unterstellen. Tatsächlich ordnete sich Istanbul kleinlaut unter. Sie erklärte, sich an die Beschlüsse von Erzurum und Sivas zu halten, erkannte das Komitee rechtlich an und stimmte der zentralen Forderung, wonach eine fremde Besatzung von Regionen mit mehrheitlich türkischer Bevölkerung nicht akzeptiert werde. Auch sollte Kemals Organisation Sitz und Stimme in den osmanischen Gremien und Delegationen erhalten. Schließlich gab auch der Sultan der allgemeinen Stimmung nach und setzte die Wahl eines neuen Parlaments an, aus der die Nationalbewegung als klarer Sieger hervorging. Im Januar 1920 stimmte dieses – noch – osmanische Parlament den Forderungen der Volkskongresse vollinhaltlich zu und schloss einen nationalen Pakt, der die – neuen – nationalen Grenzen des Staates festschrieb. Zwar verzichtete die Versammlung auf alle Ansprüche in der arabischen Welt einschließlich Nordafrika, im Kaukasus und auf dem Balkan, machte aber gleichzeitig unmissverständlich klar, dass jene Gebiete, die auch die heutige Republik Türkei ausmachen, unabänderliches souveränes Territorium der Türken sind. Für die Alliierten, insbesondere aber für Griechenland, waren diese Beschlüsse eine offene Provokation, eine entsprechende Reaktion ließ nicht lange auf sich warten.

Tatsächlich machten die Alliierten von ihrem vertraglich abgesicherten Recht Gebrauch und lösten das osmanische Parlament auf. Etliche Abgeordnete wichen daraufhin nach Ankara aus, wo Kemal seine Zelte aufgeschlagen hatte. Mit viel Pomp wurde am 23. April 1920 eine »Große Nationalversammlung« eröffnet, der neben gewählten Abgeordnete auch Repräsentanten diverser religiöser Einrichtungen, regionale Stammesfürsten und lokale Notablen angehörten. Diese Institution machte aus Kemals Repräsentativkomitee nun formell die Regierung, womit der offiziellen Regierung des Sultans jeglicher Machtanspruch abgesprochen wurde. Die Kluft zwischen beiden Instanzen vertiefte sich, als Vertreter des Sultans den Friedensvertrag von Sèvres unterzeichneten und damit der Zerstückelung des Landes zustimmten. »Die Große Nationalversammlung« erklärte die Mitglieder der Regierung des Sultans daraufhin zu Hochverrätern und bekräftigte abermals die rigorose Ablehnung der Bestimmungen des Vertrags, der indes nie offiziell ratifiziert wurde.

Nunmehr wandelte sich die »Ermunterung der Griechen durch die Alliierten« zu einer offenen strategischen Unterstützung. Ausgestattet mit modernem Kriegsgerät weiteten die Griechen ihr Gebiet auf türkischer Seite rasch aus. Zwischen der britischen und italienischen Zone stießen die Griechen Richtung Osten vor und nahmen Anfang Juli 1920 Bursa ein. Auch Izmit fiel unter griechische Kontrolle. Bald trennte die griechische Armee nur noch eine Distanz von rund 200 Kilometern von Kemals Hauptquartier in Ankara. Dementsprechend euphorisch ging Eleftherios Venizelos, der Griechenland seit nahezu einem Vierteljahrhundert dominierte, in die regulären Parlamentswahlen vom November 1920. Doch zu seiner maßlosen Überraschung wurde Venizelos trotz eines

Stimmenanteils von 50,3 Prozent abgewählt, da die Opposition auf dem Lande, wo mehr Sitze zu vergeben waren als in den Städten, triumphierte. Venizelos' Niederlage hatte mehrere Ursachen, so einerseits eine generelle Kriegsmüdigkeit der Bevölkerung, der allfällige Siege auf der anderen Seite des Meeres rechtschaffen gleichgültig waren, und andererseits eine breite monarchistische Strömung unter der einfachen Landbevölkerung, die Griechenland wieder als Monarchie sehen wollte. Venizelos zog aus dem Urnengang die Konsequenzen und ging nach Frankreich ins Exil, seine Partei, die Liberalen, zutiefst verunsichert zurücklassend. Die Konservativen, die den Wahlkampf mit dem Versprechen geführt hatten, den Krieg zu beenden, riefen erst den König aus dem Exil zurück und setzten dann zu einer neuerlichen Offensive an.

Nahe der Kleinstadt Inönü gelang es den Türken unter dem Kommando von Mustafa Ismet erstmals in der militärischen Auseinandersetzung, die Griechen zu besiegen, weshalb sich Ismet später diesen Ortsnamen als Nachname aussuchen sollte. Dessen ungeachtet stießen die Griechen weiter vor und kamen bis auf 50 Kilometer an Ankara heran, was allerdings zulasten ihrer Nachschubwege ging. Die griechischen Truppen saßen buchstäblich auf dem Trockenen, sodass sie dazu übergingen, die jeweils benachbarten Dörfer zu plündern, wobei es immer wieder zu Kriegsgräueln kam. Derart in die Enge getrieben, sah Kemal keine andere Chance mehr, als selbst den Oberbefehl über die Truppen zu übernehmen und sich dem vordringenden Gegner zu stellen.

Dieser sah sich trotz weiterer Erfolge, etwa die Einnahme von Eskişehir, zunehmend in der Bredouille. Aus militärischer Sicht schien es für die Griechen geboten, die errungenen Gebiete abzusichern und entsprechende logistische Versorgung zu garantieren. Andererseits war das große Ziel Ankara in greifbare Nähe gerückt, sodass durchaus die Chance gegeben schien, die neue Hauptstadt im Handstreich zu nehmen und damit den Krieg zugunsten Griechenlands zu beenden. In Verkennung der realen Kräfteverhältnisse entschied sich die griechische Führung für letztere Option und rannte damit in ihr Verderben. Die Griechen ließen sich von Mustafa Kemal am Fluss Sakarya eine Schlacht aufzwingen, die sie ob der dortigen Gegebenheiten nicht gewinnen konnten. Die Türken errangen einen – wie sich zeigen sollte – kriegsentscheidenen Sieg, mit dem das Momentum zur Gänze auf die türkische Seite überging. Die Griechen zogen sich auf die neue Frontlinie zwischen Izmit und Eskişehir zurück, um dort zu überwintern. Die militärische Führung wurde abberufen und durch neue Offiziere ersetzt, die jedoch mangels Equipment und neuer Truppen keinerlei Eigeninitiative setzen konnten. Im Sommer 1922 war es daher den Türken ein Leichtes, die griechischen Stellungen zu überwinden und den flüchtenden Gegner bis nach Izmir zu treiben. Den griechischen Truppen schlossen sich dabei zahllose einheimische Griechen aus Angst vor Repressalien an. Izmir verwandelte sich binnen weniger Tage zu einem wahren Hexenkessel, in dem jede und jeder verzweifelt nach einer Überfahrt Richtung griechisches Festland suchte. Als die Stadt dann auch noch in Flammen aufging, war die Katastrophe perfekt. Nahezu 3.000 Jahre griechischer Besiedlung gingen unter in Tod und Verderben.

Die griechische Tragödie war der türkische Triumph. Namens der türkischen Nationalbewegung unterzeichnete Mustafa Ismet ein neues Abkommen mit den Alliierten, in dem alle Gebietsverluste und -abtretungen revidiert wurden. Griechenland verlor nicht nur Kleinasien, sondern auch Thrakien – wofür der konservative Premier, der Venizelos geschlagen hatte, hingerichtet werden sollte –, während die Briten und Italiener ihre Besatzungszonen aufgaben (Frankreich folgte wenig später). Damit war Mustafa Kemal Herr jenes Gebiets, das auch heute noch die Republik Türkei bildet. Um den Sieg der türkischen Nation vollkommen zu machen, schlossen Ismet und Mustafa Kemal mit der neuen griechischen Führung, die wiederum auf Venizelos aufbaute, im schweizerischen Lausanne einen Vertrag, gemäß dem 1,5 Millionen anatolische und pontische Griechen nach Griechenland übersiedelt wurden (wo sie ein Viertel der neuen Gesamtbevölkerung ausmachen sollten), während die 300.000 auf griechischem Gebiet verbliebenen Türken in den neuen Staat Kemals übergeführt wurden. Die griechische Minderheit sah sich ab 1923 auf Istanbul beschränkt und spielt seither politisch keine aktive Rolle mehr.

Dort saß übrigens immer noch ein Sultan, der als Kalif so etwas wie das religiöse Oberhaupt der islamischen Welt war. Doch die Geduld von Kemal und den Seinen mit dem Relikt des versunkenen Osmanischen Reiches war zu Ende. Noch im November 1922 beschloss die türkische Nationalversammlung die Absetzung des Sultans, der denn auch wenig später auf einem britischen Kriegsschiff ins Exil ging. Sein Cousin durfte noch einige Monate als Kalif amtieren, ehe die junge Republik auch dieses Amt ersatzlos strich, womit die Dynastie der Osmanen nach über 600 Jahren ihr Territorium ebenso verlassen musste wie wenige Jahre zuvor die Habsburger das ihrige. Der Weg zur Republik war geebnet.

4.
Die Ära Atatürk

So populär Mustafa Kemal nach dem Sieg im Befreiungskrieg auch war, ohne organisatorischen Hintergrund, dessen war er sich bewusst, würde er kaum ein Land dieser Größe dauerhaft regieren können. Noch vor der formellen Ausrufung der Republik versammelte er daher am 9. September 1923 seine Anhänger, um mit ihnen eine Partei aus der Taufe zu heben, die als Staatspartei im folgenden Vierteljahrhundert ein Monopol haben sollte. Hieß diese zunächst schlicht »Volkspartei«, so wurde sie nach Ausrufung der Republik in »Republikanische Volkspartei« (CHP) umbenannt. Unter diesem Namen wirkt sie bis zum heutigen Tag.

Und da Mustafa Kemal eine klare und eindeutige Agenda verfolgte, die er ohne oppositionelles Störfeuer umsetzen wollte, schwor er seine Gefolgsleute um Ministerpräsident Ismet darauf ein, eine Einparteiendiktatur zu errichten, was ihm allein die Garantie dafür erschien, seine Reformen durchsetzen zu können. So wurden nach und nach alle anderen Gruppierungen verboten, bis 1925 die Alleinstellung der CHP auch gesetzlich festgeschrieben wurde.

Die Ausrufung der Republik am 29. Oktober 1923 war im Übrigen keine unumstrittene Entscheidung. Zahlreiche Mitstreiter Mustafa Kemals, vor allem jene, die aus der Oberschicht oder dem religiösen Umfeld kamen, votierten für eine konstitutionelle Monarchie nach britischem Vorbild und wollten die alten osmanischen Institutionen in Geltung belassen. Kemal nutzte daher einen spezifischen Augenblick, da er zahlreiche wichtige Opponenten außerhalb Ankaras wusste, um sein Projekt in der Nationalversammlung über die Bühne zu bringen. Als die Widersacher in die neue Hauptstadt zurückkehrten, sahen sie sich vor vollendete Tatsachen gestellt. Und um diesen Schritt unumkehrbar zu machen, beschloss Mustafa Kemals Mehrheit die Ausweisung sämtlicher Angehöriger der Dynastie, die damit als politischer Faktor endgültig ausgeschaltet war.

Das erhöhte die internen Spannungen innerhalb der Bewegung, hatten doch breite Kreise – vor allem die Istanbuler Bourgeoisie, die osmanische Bürokratie und die traditionelle Presse – durchaus vom alten System profitiert, während sie sich nun von einer nach oben drängenden neuen Elite bedroht sah. Die Übersiedlung der staatlichen Instanzen nach Ankara bestärkte diesen Trend zusätzlich, weil sie den Einfluss der alten Hierarchien weiter beschnitt. Aber auch führende Militärs, die im Zuge des Befreiungskampfes nach oben gekommen waren, fürchteten um ihre eben erst erworbenen Privilegien. Bald machten Gerüchte über einen bevorstehenden Militärputsch die Runde. Mustafa Kemal bremste allerdings die oppositionelle Generalität aus, indem er ein Gesetz beschließen ließ, wonach Angehörige der Armee sich jedweder politischer Betätigung, ja selbst der Zugehörigkeit zur Partei, zu enthalten hatten. Dies bedeutete freilich, dass auch er und Ismet ihren – diesmal endgültigen – Abschied von der Uniform nehmen mussten, und in der Tat traten die beiden im Anschluss nur noch in Zivil auf.

Ministerpräsident Ismet war es auch, der statuierte, dass sich die junge Türkei eine westliche Demokratie vorderhand noch nicht leisten könne. Die Bevölkerung, so erklärte er, sei für Parteienhader noch nicht reif, sei zu sehr überkommenen Traditionen und rückwärtsgewandter Religiosität verhaftet, sodass man sie erst einmal »erziehen« müsse, ehe sie für sich selbst entscheiden könne. Bis dahin müssten die Grundlagen für eine zivilisatorische Neuausrichtung hin zu einem modernen Staat geschaffen werden, dann erst könne man über einen etwaigen Pluralismus nachsinnen. Bestätigung für ihre Sichtweise fand die Führung unter Kemal in einem Aufstand, der als »Erhebung des Scheich Said« bezeichnet wurde.

Die Rebellion ging von kurdischen Stämmen aus, die mit der Forderung nach einer Autonomie auftraten, wie sie ihnen noch im Vertrag von Sèvres versprochen worden war. Organisatorisch ging der Aufstand von der kurdischen Geheimorganisation Azadi aus, deren Führung aber bald von Verhaftungen betroffen war. So wurde ein einflussreicher Mann namens Scheich Said zur führenden Figur des Aufstands, auch um mit dessen Hilfe die religiösen Gefühle der Massen anzusprechen. Nach außen prägten damit islamistische Forderungen wie jener nach Wiedereinführung von Scharia und Kalifat die Ziele einer Erhebung, die von Zehntausenden getragen wurde. Im Februar 1925 überfielen Saids Leute einige Provinzstädte im Osten des Landes, nahmen offizielle Funktionsträger gefangen, wie etwa den Gouverneur von Genç, und schickten sich an, ein eigenes Regime zu errichten. Mustafa Kemal reagierte rasch und schickte Truppen in den Osten – bis zu 50.000 Soldaten samt Luftwaffe –, die der Erhebung binnen weniger Wochen ein Ende bereiteten. Said und seine Mitverschworenen wurden hingerichtet, die kurdische Sprache in der Öffentlichkeit verboten, kurdische Organisationen nur noch in Ausnahmefällen zugelassen und etliche kurdische Aktivisten zum Teil ohne formelles Verfahren inhaftiert. Zudem wurden annähernd 20.000 Kurden in den Westen des Landes deportiert.

Dies alles geschah auf der Grundlage eines neuen »Gesetzes zur Festigung der Ordnung«, welches die Nationalversammlung noch im Februar 1925 beschlossen hatte. Auf dieser Basis waren nun endgültig alle Gründungen politischer Vereinigungen abseits der CHP verboten. Etwaige noch bestehende Organisationen wie die Fortschrittliche Republikanische Partei oder die TKP wurden behördlich aufgelöst, bei den Wahlen zur Nationalversammlung durfte das Stimmvolk nur noch zwischen Kandidaten der CHP auswählen. Das Einparteiensystem war endgültig etabliert. Und war die Nationalversammlung schon 1923 bis auf drei Unabhängige eine reine CHP-Veranstaltung gewesen, so sorgte Mustafa Kemal dafür, dass bei den Wahlen 1927 ausnahmslos Vertreter seiner Partei ein Mandat bekamen.

Bis 1930 sollte sich die Lage weiter verschärfen, was der »Vorfall von Menemen« zeigte, bei dem ein junger Reserveoffizier von aufgebrachten Muslims geköpft wurde, nachdem er gegen sie wegen ihrer Proteste zur Wiedereinführung der Scharia eingeschritten war. Die Staatsmacht ging nun mit voller Härte gegen ihre Gegner – ob von rechts oder von links – vor und richtete hunderte Personen hin, während tausende in diversen Gefängnissen landeten. Mustafa Kemal bediente sich vermehrt diktatorischer Maßnahmen und sah sich damit durchaus im Einklang mit der gesamteuropäischen Entwicklung.

Demgemäß bestätigte die CHP auf dem Parteitag von 1931 ihr unumstößliches Machtmonopol im Staat und definierte sich als die einzig legale Ausdrucksform des Volkswillens der Türken. Anders als etwa in der Sowjetunion wurde dabei kein Führungsanspruch einer Klasse postuliert, vielmehr sei die CHP der Wesenskern der türkischen »Volksgemeinschaft« ohne Ansehen von Stand oder Klasse. Der Nation sei alles unterzuordnen, weshalb konsequenterweise der

Arbeiterschaft das Recht auf autonome Organisierung, etwa in unabhängigen Gewerkschaften, untersagt wurde. Auch die Autonomie der Universitäten und die Selbständigkeit der Presse wurden zugunsten einer zentral gelenkten Staatsräson abgeschafft.

Ideologisch unterfüttert wurde diese Politik ebenfalls auf dem Parteitag von 1931 mit den »sechs Pfeiler« genannten Grundprinzipien der Partei: Republikanismus, Nationalismus, Populismus, Etatismus, Revolutionarismus und Laizismus. Dabei bedeutete »Populismus« konkret, dass es eine klassenübergreifende Gemeinschaft gebe, in der alle Staatsbürgerinnen und Staatsbürger gleichgestellt sind. »Etatismus« wiederum unterstrich die Bedeutung des Staates als Lenker der Gesellschaft. Diesem komme, so hieß es, auch überall dort, wo private Initiative nicht ausreiche, eine zentrale Rolle im Wirtschaftsleben zu, weshalb systemrelevante Bereiche wie Infrastruktur, Bank- und Versicherungswesen, Grundstoffindustrie, aber auch Gesundheit und Bildung verstaatlicht waren. Generell war die CHP an drei Viertel aller offiziell registrierten Unternehmungen zumindest beteiligt. »Revolutionarismus« beschrieb das Fundament der kemalistischen Reformen, während »Laizismus« als zentralstes Element kemalistischen Denkens den strikt säkularen Charakter der Türkei manifestierte, der gänzlich von religiösen Traditionen oder Symbolen frei und strikt einer rationalen Auffassung verpflichtet sein sollte.

Mit diesen »sechs Pfeilern« hatte die CHP nun in ein Programm gegossen, was sie schon seit einigen Jahren konsequent praktizierte: die grundlegende Umwandlung der alten osmanischen Gesellschaft in eine westlich orientierte Zivilisation. Was mitunter auch als »Kulturrevolution« bezeichnet wird, hatte mit einigen konkreten Symbolen begonnen. Schon 1925 wurde der Fes als traditionelle Kopfbedeckung verboten und durch den westlichen Hut ersetzt. Dieser sollte zu einem Anzug getragen werden, mit einer dazu vorgesehenen Krawatte. Das Tragen von Bärten wurde de facto ebenfalls verboten, erlaubt waren nur noch Schnurrbärte, allenfalls noch ein kleines Kinnbärtchen. Der Händedruck ersetzte die devote Verbeugung, und Frauen hatten westliche Kleidung anstelle der alten anatolischen Garderobe zu tragen, wobei das Kopftuch generell verpönt und in der Öffentlichkeit verboten war. Dazu passte, dass auch alle alten Titel wie »Bey« oder »Pascha« abgeschafft wurden.

Der nächste Schritt griff noch tiefer in das osmanische Gefüge ein. Man stellte die Zeitrechnung auf den gregorianischen Kalender um, wobei auch gleich die entsprechende Zählung übernommen wurde, sodass sich die Türkei nicht mehr im Jahr 1350 nach der Hedschra, sondern im Jahr 1927 nach Christi Geburt befand. Damit nicht genug wurde 1928 die arabische durch die lateinische Schrift ersetzt. Damit wurde wohl der radikalste Bruch mit der Vergangenheit vollzogen, denn all jene, die erst im Zuge dieser Reform alphabetisiert wurden, waren nicht in der Lage, Texte, die in osmanischer Zeit verfasst worden waren, zu lesen. Dies übrigens nicht zuletzt auch deshalb, weil mit der Schrift- auch eine Sprachreform einherging. So wurde die Sprache von praktisch allen arabischen und persischen Einflüssen gereinigt und eine Art Neutürkisch geschaffen, das sich beträchtlich von jenem Idiom unterschied, das zur Zeit der Sultane gesprochen worden war. Und um diese Revolution unumkehrbar zu machen, schuf der Staat 1932 ein eigenes »Institut für die türkische Sprache«, das darüber zu wachen hatte, dass Worte arabischen oder persischen Ursprungs durch türkische Äquivalente ersetzt wurden, was in manchen Fällen durch extra für diesen Zweck geschaffene Neukreationen bewerkstelligt wurde.

Hinsichtlich des Nationalismus wies das Regime die Lehre an, die Geschichte des Türkentums als eigentliche Quelle der nationalen Vergangenheit zu etablieren. Konkret sollte gezeigt werden, dass die Türken schon vor der Übernahme des Islam ein großes Volk mit einer entsprechenden Historie waren, zu welchem Zweck man eine türkische Abkunft selbst der Sumerer und Hethiter behauptete, um solcherart die türkische Kultur quasi zur Mutter der kleinasiatischen Zivilisation zu stilisieren. Gleichzeitig arbeiteten kemalistische Historiker die tatsächlichen Zusammenhänge der Turkvölker im asiatischen Raum heraus, unter denen den Türken eine Führungsrolle gegenüber Aseris, Turkmenen, Krimtataren, Kirgisen oder Uiguren zukam.

1934 schließlich führte Kemals Regierung Familiennamen nach westlichem Vorbild ein. Bis zu diesem Zeitpunkt gab es für Muslime eigentlich nur ihren eigenen Vornamen, und um die einzelnen Personen voneinander zu unterscheiden, musste zu Hilfskonstruktionen gegriffen werden. Höher gestellte Persönlichkeiten waren als Mustafa Pascha, Mehmed Bey oder wenigstens als Ahmed Efendi bekannt, andere erhielten ihre Identität als Yunus der Schmied oder Bayezit Çelebi (Beamter). Bei aus einem anderen Ort Zugereisten mochte die originale Herkunft den Menschen charakterisieren – Sivaslı Murad (Murad aus Sivas) –, und wo alle diese Merkmale fehlten, da behalf man sich mit einem Mustafa, der Sohn Kemals (Mustafa Kemaloğlu). Nun aber erhielten alle Türken die Gelegenheit, sich einen Nachnamen auszusuchen, was die markante Häufung von Familiennamen wie »Öztürk« oder »Özdemir« (echter Türke, echtes Eisen oder auch Stahl) erklärt. Andere sahen sich als Wolf (Kurt) oder Adler (Kartal), wiederum andere wählten ihren Beruf oder ein besonderes Ereignis aus ihrem Leben als Familiennamen. So wurde Ismet zu Ismet Inönü, hatte er dort doch einen entscheidenden Sieg im Befreiungskrieg errungen. Wer allerdings die Frist, sich einen Namen zuzulegen, versäumte, der musste sich damit abfinden, dass ihm die Behörden einen Namen verpassten, gleichgültig, ob ihm dieser nun gefiel oder nicht, weshalb in der Türkei Menschen Nachnamen wie »Doymuş« (sattgegessen, also dick), »Küçük« (klein) oder »Otuzbiroğlu« (Sohn des Einunddreißigsten) tragen. Auch Mustafa Kemal selbst durfte sich keinen Nachnamen aussuchen. Ihm wurde von der Nationalversammlung der Name »Atatürk« (Vater der Türken) verliehen, der allerdings nicht vererbbar war. Ein Sohn Atatürks hätte sich wohl mit dem Nachnamen »Kemaloğlu« behelfen müssen.

Nicht überall stießen diese Reformen auf ungeteilte Zustimmung. Leidtragende des türkischen Nationalismus Kemal'scher Prägung waren etwa die Kurden, die gezielt »türkisiert« werden sollten. In der Region Dersim, von der Staatsgewalt in »Tunceli« (»Eiserne Faust«) umbenannt, erhoben sich im März 1937 mehrere kurdische Stämme und griffen Institutionen der öffentlichen Verwaltung an, womit ein militärischer Konflikt ausgelöst wurde, den die türkische Armee im Mai 1937 mit äußerster Härte für sich entschied. 2011 sollte die Regierung zugeben, dass im Rahmen dieser »Strafexpedition« beinahe 14.000 Menschen getötet wurden. Damit nicht genug, wurden etliche Repräsentanten des kurdischen Widerstands hingerichtet und wohl rund 50.000 weitere Personen zwangsdeportiert. Mit der gewalttätigen Niederschlagung dieses »Aufstands von Dersim« beendete die türkische Regierung für lange Zeit jedwede Opposition gegen ihre Politik.

Überzeugt von der Richtigkeit der eigenen Maßnahmen, wurden diese rigide gegen jeden Widerstand durchgesetzt. Die kemalistische Führung hatte, wenn man so will, die Mission, die Türkei ohne Rücksicht auf Verluste zu modernisieren, wofür schließlich auch die (islamische) Religion aus dem öffentlichen Bereich hinausgedrängt werden sollte. Dies begann damit, dass die letzten noch verbliebenen religiösen Instanzen wie das »Amt für Angelegenheiten der Scharia« oder die Funktion des »Scheich al Islam« ersatzlos gestrichen wurden. Die Scharia verlor 1928 endgültig ihre Berechtigung als Richtschnur und wurde durch ein Strafgesetzbuch, das sich eng an das Schweizer Recht anlehnte, ersetzt. Selbst der öffentliche Feiertag wurde auf den – im Westen üblichen – Sonntag verlegt, um jeden Konnex zum Islam zu kappen.

Vor allem aber wurde die Bildung zur Gänze verstaatlicht. Religiöse Schulen verloren ihre Zulassung und wurden damit ebenso in die Klandestinität gedrängt wie konkurrierende politische Parteien. Die Einführung einer allgemeinen Schulpflicht galt für Mädchen und Jungen gleichermaßen, die zudem auch in gemischten Klassen unterrichtet wurden, sodass der aufgeklärte Modernismus der kemalistischen Regierung gleichsam von Anfang an erlernt wurde. Atatürk führte nicht nur das aktive und passive Wahlrecht für Frauen ein, er förderte auch gezielt Frauen in Führungspositionen und in nichttraditionellen Bereichen (etwa als Pilotinnen oder Universitätslehrerinnen).

Und um all diese Reformen quasi in Stein zu meißeln, wurden sie sämtlich in der neuen Verfassung von 1937 festgeschrieben, um auf diese Weise zu verhindern, dass eine andere Regierung sie wieder aushebeln konnte. Die Verfassung von 1937 sollte übrigens so etwas wie Atatürks Vermächtnis werden, der zu diesem Zeitpunkt gesundheitlich schon ziemlich angegriffen war.

Allerdings war es ihm noch vergönnt zu erleben, wie die von ihm modernisierte und konsolidierte Türkei ihren Platz in der internationalen Arena einnehmen konnte. 1932 wurde sein Land Mitglied des Völkerbunds, 1936 erhielt die Türkei wieder die volle Souveränität über die Dardanellen, und

1938 gelang eine Übereinkunft mit den Franzosen bezüglich der von letzteren immer noch besetzten Provinz Hatay (mit der bedeutenden Hafenstadt Iskenderun), die schließlich kurz nach Atatürks Tod der Türkei angegliedert wurde. Die neu gewonnene Bedeutung verdankte die Türkei übrigens nicht nur ihrer strategischen Lage, sondern auch einem geschickten Lavieren ihrer Führung zwischen den verschiedenen Partikularinteressen der anderen Mächte. Die Türken hatten keinerlei Berührungsängste gegenüber Sowjetrussland oder dem faschistischen Italien und konnten die Kontakte zu diesen Staaten jederzeit ausspielen, wenn es darum ging, von den Westmächten möglicherweise Zugeständnisse zu bekommen. Unterdessen gab es einerseits rege Aktivitäten der Auslandsorganisation der NSDAP in der Türkei – samt deutscher Einflussnahme etwa auf türkische Medien; andererseits war die Türkei zugleich ein Refugium für von den Nazis verfolgte Personen. Der spätere Berliner Bürgermeister Ernst Reuter fand ebenso Zuflucht in der Türkei wie die österreichischen Architekten Clemens Holzmeister und Margarete Schütte-Lihotzky oder der Komponist Paul Hindemith. Atatürk wusste deren Talente für sein Land einzusetzen, indem er die meisten Exilanten in diversen Ministerien unterbrachte, wo sie gegen entsprechendes Gehalt weiter auf ihrem beruflichen Gebiet arbeiten konnten.

Zu diesem Zeitpunkt war Atatürk freilich schon todkrank. Er zog sich in den Dolmebahçe-Palast in Istanbul zurück, wo er am 10. November 1938 im Alter von 57 Jahren starb. Sein Tod ermöglichte seinem engsten und langjährigen Weggefährten ein unerwartetes politisches Comeback: Ismet Inönü.

Dieser war bis 1937 als Ministerpräsident die Nummer zwei hinter Atatürk gewesen, ehe er in eine inhaltliche Auseinandersetzung mit seinem Wirtschaftsminister Celal Bayar schlitterte. Dieser, ein Vertreter des reaktionären Teils der türkischen Bourgeoisie, der sich in früheren Zeiten durch ethnische Säuberungen an Griechen und Übergriffe gegen Armenier einen zweifelhaften Ruf erworben hatte, drängte in seiner Funktion auf eine weitreichende Privatisierung, während Inönü, den Prinzipien der CHP entsprechend, weiter auf eine staatlich gelenkte Wirtschaft setzte. Inönü rief Atatürk als Schiedsrichter an, der jedoch schwieg, was Inönü als Brüskierung empfand, sodass er Ende 1937 als Regierungschef zurücktrat. Nun, nach Atatürks Tod, wurde er von der Nationalversammlung einstimmig zum zweiten Präsidenten der Türkei gewählt, was Inönü gallig mit »sie wählten einen, den sie nicht mochten und mit dessen Anschauungen sie nicht übereinstimmten« kommentierte.

Ganz so animos dürfte die Stimmung ihm gegenüber dann doch nicht gewesen sein, denn auf dem 4. Parteitag der CHP wurde ihm im Dezember 1938 nur einen Monat nach seiner Kür zum Präsidenten der Titel »Milli Şef« (Führer der Nation) verliehen, während man Atatürk als »Ebedi Şef« (ewiger Führer) verklärte. Allüberall begann man, Zitate von Atatürk zu allgemeinen Lehrsätzen und Leitworten zu stilisieren, sodass es praktisch zu jedem Anlass den passenden Spruch gibt, der manchmal ein wenig banal (»yurtta sulh, cihanda sulh« – Friede der Heimat, Friede der Welt), mitunter ein wenig überheblich (»ne mutlu Türküm diyene« – Welch Glück, sagen zu können, ich bin Türke) klingt, der jedoch dennoch in einer Art und Weise kanonisiert ist, dass man die Aussagen des »ewigen Führers« von ihrem Stellenwert durchaus mit der Rezitation von Bibelsprüchen vergleichen könnte. Das gesamte Land wurde flächendeckend mit Atatürk-Statuen, -Denkmälern und -Gedenkstätten ausgestattet, dazu erhielt alles, was bedeutsam genug erschien, den Namen Atatürk verliehen, so der Istanbuler Flughafen, das Nationalstadion, das Kulturzentrum am Taksim-Platz oder der große Staudamm über den Euphrat.

Inönü entließ umgehend Bayar, der sich 1937 zu seinem Nachfolger als Ministerpräsident aufgeschwungen hatte, und etablierte eine straffe politische Führung, um auf diese Weise den Kurs des Landes in einer kritischen Weltlage besser meistern zu können. Nur wenige Monate später brach der Zweite Weltkrieg aus.

5.
Die Türkei zwischen Pluralismus und Diktatur

Inönü war wild entschlossen, sein Land aus diesem Krieg herauszuhalten und erkannte sogar eine ökonomische Chance in der Auseinandersetzung. Als neutraler Staat konnte die Türkei beide Seiten beliefern und von der allgemeinen Wirtschaftslage profitieren. Erst nach den erfolgten Landungen der Alliierten in Sizilien und später in der Normandie sollte die Türkei allmählich auf einen Kurs Richtung Alliierte wechseln. Im Februar 1945 erklärte die Türkei Deutschland formell den Krieg, unterließ aber jedwede militärische Aktion, wodurch dieser Schritt allgemein als opportunistisch gewertet wurde, sollte er doch der Türkei in der Nachkriegsordnung eine bessere Ausgangsposition sichern. Tatsächlich wurde die Republik auf diese Weise Gründungsmitglied der UNO und kam in den Genuss der Früchte des Sieges.

Allerdings profitierte die Bevölkerung nicht wirklich von der türkischen Neutralität. Sehr bald schon kam es zu Engpässen in der Versorgung und die wirtschaftliche Lage verschlechterte sich erkennbar. Zudem zeigten sich nun schonungslos die ökonomischen Schwachstellen der kemalistischen Reformpolitik, die größtenteils an den Interessen der ländlichen Bevölkerung vorbeigegangen war. Hielt diese während des Krieges aus »nationaler Räson« noch still, so forderte sie nach

Kriegsende umso lauter ihr Recht ein, wobei sie unverhohlen an den Grundfesten des Kemalismus rüttelte.

Vor allem aber waren die kemalistischen Maßnahmen samt umfassender Sozialreformen auf Kosten einiger Gruppen gegangen, die bis 1945 mangels Möglichkeit, sich politisch zu artikulieren, knurrend stillgehalten hatten: die osmanischen Großgrundbesitzer, die islamischen Würdenträger, die diversen Clanchefs und die alten Lokalgrößen, die im Zuge der Reformen entmachtet worden waren. Sie alle sannen auf eine politische Wende, durch die sie ihren politischen und ökonomischen Einfluss wieder zurückgewinnen konnten.

Inönü sah sich überdies der Problematik gegenüber, dass seine Annäherung an den Westen dadurch erschwert wurde, dass die Türkei nach wie vor eine Einparteienherrschaft war, was spätestens mit dem Beginn des Kalten Krieges von Frankreich, Großbritannien und den USA nicht goutiert wurde. Wollte die Türkei also nicht wie Francos Spanien ins Abseits geraten, musste sie, zumindest formal, eine deutlich erkennbare Demokratisierung vornehmen. Noch im Mai 1945 machte Inönü entsprechende Ankündigungen und stellte die Zulassung einer zweiten Partei in Aussicht. Tatsächlich unternahm der Staat nichts, als sich im Januar 1946 einige rechte Kräfte um den Gutsbesitzersohn Adnan Menderes zusammenfanden, um eine »Demokratische Partei« zu gründen. Dieser schloss sich umgehend Celal Bayar an, der 1938 von Inönü kaltgestellt worden war. Inönü musste nunmehr der Entwicklung Tribut zollen und ließ im Juli 1946 erstmals Mehrparteienwahlen zu.

Das Ergebnis ermutigte Inönü, votierten doch nur 13,3 Prozent für die neue Partei, die damit 62 von 465 Mandaten erhielt. Inönü interpretierte diesen Wahltriumph als weitgehende Zustimmung zu seiner Partei und seiner Person und übersah dabei, dass es lediglich der kurzen Vorbereitungszeit und der weitgehend mangelnden Bekanntheit der Oppositionskandidaten geschuldet war, dass die DP vorderhand ins Hintertreffen geraten war.

Die ging nämlich unmittelbar nach den Wahlen in die Offensive und begann, überall im Land lokale Organisationen zu gründen. Das Bündnis aus kapitalistischer Bourgeoisie, feudalen Latifundisten und reaktionärem Islamismus machte sich die traditionell konservative Einstellung der anatolischen Bauern zunutze und hetzte offen gegen Laizismus, die Gleichberechtigung der Frau und moderne Bildung. Damit camouflierten sie ihre wahren Ziele, nämlich die persönliche Bereicherung im Zuge einer weitgehenden Privatisierung der Staatsbetriebe und ihre Ablehnung jedweder Landreform, die genau für jene Bauern gedacht war, die nun der DP auf den populistischen Leim gingen. Mit ihrer islamistischen Rhetorik täuschten die Kader der DP erfolgreich darüber hinweg, dass sie nicht minder als die Funktionäre der CHP Teil der urbanen Elite waren, was umso mehr auf fruchtbaren Boden fiel, als die CHP aus Angst vor der religiösen Wählerschaft begann, eben dieser Zugeständnisse zu machen, was die DP als Erfolg für sich reklamierte. Tatsächlich gab es ab 1947 wieder Islam-Unterricht in den Grundschulen (wenn auch auf rein freiwilliger Basis), zudem wurden einige islamische Wallfahrtsstätten wiedereröffnet und das traditionelle Freitagsgebet der Moslems in den Kasernen zugelassen. Um sich zudem die Neutralität der USA zu erkaufen, die unverhohlen Partei für die DP ergriffen hatten, ging die CHP mit ungeahnter Härte gegen linke Organisationen vor. So wurden sozialistisch orientierte Zeitungen und Verlagshäuser behördlich geschlossen und nicht wenige Aktivisten, vor allem Gewerkschafter, aber auch Intellektuelle, als tatsächliche oder vermeintliche Kommunisten verhaftet und zu langjährigen Gefängnisstrafen verurteilt. Doch all das nutzte Inönüs CHP politisch wenig, weil die DP erfolgreich behauptete, all diese Maßnahmen würden von der Regierung nur gesetzt, weil sie, die DP, entsprechenden Druck ausübe. Die DP galt in der Folge als die Partei der Macher, der unzweifelhaft die Zukunft gehöre.

Unter dem Slogan »Yeter!« (Genug!) ging die DP im Wahlkampf für den Urnengang im Mai 1950 aufs Ganze. Es gelang ihr, mehr Leute zu mobilisieren als die CHP, die auf knapp 40 Prozent absank, während die DP 1,2 Millionen Stimmen mehr bekam, was durch das Mehrheitswahlrecht zu einer satten parlamentarischen Mehrheit von 415 zu 69 Sitzen führte. Inönü wurde durch seinen alten Rivalen Bayar als Staatspräsident ersetzt, Adnan Menderes wurde neuer Ministerpräsident.

Beinahe umgehend ging die neue Regierung daran, kemalistische Reformen zurückzunehmen. Sie privatisierte lukrative Firmen, die günstig in das Eigentum ihrer Unterstützer gingen. Genau diesen Unternehmen wurden dann überaus einträgliche staatliche Aufträge erteilt, etwa im Bereich der Infrastruktur, wovon die Parteigranden der DP sowohl direkt finanziell als auch mittelbar politisch profitierten, weil sie ihrer Wählerschaft spürbare Verbesserungen wie den Ausbau des Straßennetzes und die Elektrifizierung diverser Provinzen bieten konnte. Dabei nutzte Menderes auch die finanziellen Mittel seines Gönners, der USA, die die Türkei nicht nur im Rahmen der Truman-Doktrin bereits ab 1947 mit aufgerüstet hatten, sondern auch im Zuge des Marshall-Plans das Land nach Kräften förderte. Menderes dankte es den Vereinigten Staaten, indem er die Türkei 1952, zum frühestmöglichen Zeitpunkt, in die NATO führte, womit nun endgültig ein überaus angespanntes Verhältnis zum Nachbarn UdSSR gegeben war, was aber durchaus im Interesse von Menderes lag, der sich mit der vermeintlichen »roten Gefahr« noch mehr als Führer der Nation stilisieren konnte. Was als Eintrittskarte in das westliche Militärbündnis galt: 1950 hatte sich die Türkei mit bis zu 5.000 Soldaten an der Seite der USA am Koreakrieg beteiligt. Rund ein Jahrzehnt später sollte die Türkei im Zuge der sogenannten Kubakrise mit in den Fokus des Kalten Krieges rücken: Zu deren Beilegung sagte die Sowjetunion den Raketenabzug von der Karibikinsel unter der – zunächst geheim gehaltenen – Bedingung zu, dass die USA ihrerseits nuklear bestückte Mittelstreckenraketen aus der Türkei abzogen.

Bauboom und US-amerikanische Gelder bewirkten in den 1950er Jahren einen beträchtlichen Wirtschaftsaufschwung, von dem zwar primär das Großbürgertum profitierte, der aber auch als Verheißung für die »kleinen Leute« diente, sie könnten durch Fleiß und eigene Anstrengung zu Millionären werden. Bedeutender für die großen Erfolge der DP aber war: Wenn auch durch Privatisierungen und Subventionen von Großgrundbesitzern, so wurde die Landwirtschaft mit neuen Maschinen ausgestattet und es wurden Fabriken gebaut, um Verbrauchsgüter für den Binnenmarkt bzw. das »einfache Volk« zu produzieren.

Darüber vergaß die DP-Regierung natürlich nicht ihre zweite große Klientel, die Religiösen, denen man auf mannigfache Weise entgegenkam. So erlaubte man die unter Atatürk unterbundene Pilgerreise nach Mekka wieder, führte die alten osmanischen Titel wie Pascha, Efendi oder Bey wieder ein und richtete regelmäßige Religionssendungen im staatlichen Radio ein. Islamische Zeitschriften und Druckwerke wurden nicht nur wieder zugelassen, sie erhielten sogar explizite staatliche Subventionen. Menderes und Bayar profilierten sich so als fromme und gottesfürchtige Diener des Volkes, was ihnen bei den Wahlen im Mai 1954 einen noch größeren Wahlsieg bescherte. Die DP erhielt 57 Prozent der Stimmen (gegenüber knapp 36 für die CHP) und saß in der Folge mit 503 Abgeordneten in der Nationalversammlung, während die CHP gerade noch 31 Mandatare stellte. Erstmals hatte bei dieser Gelegenheit auch die Kommunistische Partei in einigen Wahlkreisen antreten dürfen, doch blieb ihr Erfolg mit knapp einem Prozent überaus überschaubar.

Unterdessen gewann Anfang der 1950er Jahre eine stärker werdende Arbeiterbewegung an Konturen. Um diese zu kanalisieren, wurde – mit Hilfe US-amerikanischer Berater – der staatsnahe Gewerkschaftsdachverband TÜRK-IŞ gegründet, der über Jahrzehnte eine tragende Rolle im Land spielen sollte.

Allerdings zeigte sich bald nach den Wahlen, dass der Erfolg der DP auf Pump finanziert war. Als nämlich die internationalen Kredite allmählich zurückgefahren wurden, ging auch das Wirtschaftswachstum recht rasch zurück. Unmittelbare Folge der Fiskalpolitik war eine rasch ansteigende Inflation, die nicht nur die Staatsangestellten, sondern auch das Wahlvolk der DP empfindlich traf, worauf die Regierung zunehmend bärbeißig reagierte. Es zeigten sich just jene autoritären Züge, welche die DP-Politiker noch fünf Jahre zuvor am politischen Gegner so heftig kritisiert hatten. Die Regierung behinderte die Arbeit der Opposition, wo sie nur konnte, und ging 1955 sogar daran, die CHP zu enteignen, indem sie deren Parteivermögen einziehen wollte. Auch machten Gerüchte die Runde, man wolle sich Inönüs durch einen »Unfall« entledigen. Die Schließung der noch von Atatürk initiierten Volkshäuser verfolgte den Zweck, der CHP eine bewährte Agitationsbasis zu entziehen.

Mit diesen Maßnahmen ging eine zunehmende Radikalisierung der islamischen Tendenzen in der DP einher. Menderes dachte offen darüber nach, das Kalifat wiederzuerrichten, andere forderten die Wiedereinführung des Islam als alleinige Staatsreligion, die erneute Zulassung der islamischen Polygamie und die harsche Bestrafung von (antiislamischer) Blasphemie. Alles Signale, welche die kemalistische Militärführung mehr und mehr in Alarmbereitschaft versetzten, denn viele Aktivitäten der Regierung verstießen offen gegen die kemalistische Verfassung. Menderes setzte dessen ungeachtet noch eins drauf und ließ religiöse Orden wieder zu, um sich in weiterer Folge offen mit deren Führern zu treffen. Die DP war damit endgültig zum Auffangbecken für islamistische Kreise geworden. Die Armee aber, die sich seit der Gründung der Republik als Hüterin der Atatürk-Prinzipien verstand, sah gleich mehrere Angriffe auf die »sechs Säulen«. Der Etatismus wurde durch die Förderung eines schrankenlosen Kapitalismus untergraben, der Laizismus durch die islamistischen Tendenzen gefährdet, der Revolutionarismus schließlich durch die fortwährende Rücknahme der Reformen unterminiert. Vor allem in den Reihen der jungen Offiziere, die durch Atatürks Schule gegangen waren, wuchs der Unmut praktisch von Tag zu Tag.

Mochten CHP und Generalstab gehofft haben, die Herrschaft der DP mit legalen Mitteln zu beenden, so zeigten die vorgezogenen Wahlen im Oktober 1957, dass die DP zwar an Zuspruch verlor (die Zustimmung sank von 58 auf 48 Prozent), aber dank des Mehrheitswahlrechts ihre absolute Mandatsmehrheit locker behaupten konnte. Ohne dass Menderes und Bayar es ahnten, nahmen nach diesem Sieg die Pläne für eine militärische Intervention immer konkretere Gestalt an.

Und obwohl längere Zeit entsprechende Gerüchte die Runde machten, ignorierte die DP-Führung die über ihr schwebende Gefahr. Sie konzentrierte sich in ihren Aktivitäten gänzlich auf die CHP und Inönü und schenkte der Armeeführung keine Beachtung. Tatsächlich zögerte die Heeresleitung, aktiv in die politische Entwicklung einzugreifen, doch wurde sie des Umstands gewahr, dass junge Offiziere um den radikalnationalistischen Oberst Alparslan Türkeş von sich aus einen Coup planten, was nicht nur für die Regierung, sondern auch für den Generalstab eine Bedrohung darstellte. Wollte letzterer also nicht von den Ereignissen überrollt werden, musste er selbst die Initiative ergreifen.

Dies schien umso nötiger, als die DP ihren autoritären Kurs ab 1959 neuerlich verschärfte. Ende der 1950er Jahre ging man teils hart gegen zunehmende Arbeitskämpfe vor – so im Bergbau, im Textilbereich, in Häfen oder bei der Eisenbahn. Zudem zwang eine bislang nicht gekannte Zensur die Zeitungen oftmals, mit zahlreichen weißen Stellen zu erscheinen, zudem unternahm die Regierung – wenn auch halbherzige – Versuche, sich Ismet Inönüs zu entledigen, der so (wieder) zum Helden all jener avancierte, die von der DP vernachlässigt und zurückgesetzt worden waren. In Reaktion darauf verschärfte die DP die Zensur und verbot nun auch Berichte über oppositionelle Wortbeiträge in Parlamentssitzungen. Als Inönü dagegen protestierte, wurde er am 27. April 1960 von der DP-Mehrheit aus der Nationalversammlung ausgeschlossen, seine Fraktionskollegen wurden im Anschluss daran mit Polizeigewalt aus dem Parlamentsgebäude entfernt.

Kaum waren die Nachrichten über diese Ereignisse von Mund zu Mund gegangen, kam es zu spontanen Protesten auf den Straßen von Istanbul, Ankara und Izmir, wo hauptsächlich Studenten, aber auch erkennbar viele Militärs, vor allem solche niederer Ränge, gegen die Regierung demonstrierten. Diese verhängte das Kriegsrecht, versetzte Generalstabschef Cemal Gürsel in den Ruhestand und löste die oppositionellen Versammlungen unter Anwendung massiver Gewalt auf. In den Reihen der Protestierenden gab es Tote, sodass man vom »blutigen Donnerstag« sprach. Die Soldaten reagierten empört auf die Entlassung Gürsels und hielten demonstrativ einen Schweigemarsch in Ankara ab. Die Armeeführung wusste nun endgültig, dass sie reagieren musste.

Am 27. Mai 1960 rollten ab 3 Uhr 30 morgens die Panzer. Staatspräsident Bayar und die Mitglieder der Regierung wurden buchstäblich aus ihren Betten geholt und in Haft genommen. Eine Einheit besetzte die Rundfunkzentrale, woraufhin Oberst Türkeş im Radio die Machtübernahme der Armee verkündete. Kurz hing das Schicksal des Putschs an einem seidenen Faden, als der Kommandeur der in Ankara stationierten Truppen erklärte, er nehme keine Befehle von Leuten an, die einen niedrigeren Rang hätten als er selbst. Daraufhin trat Gürsel auf den Plan und übernahm den Vorsitz eines »Komitee der nationalen Einheit«, dem sich nun auch der Kommandant von Ankara beugte. Der Putsch war gelungen.

Im Gegensatz zu sonst üblichen Vorgangsweisen bei militärischen Coups beendete die neue Staatsführung sofort Ausgangssperre und Kriegsrecht und kündigte die Ausarbeitung einer neuen Verfassung an, die den Bedürfnissen des Volkes entspreche. Das Komitee ließ die Bildung freier Gewerkschaften zu und schuf die Institution ab, die bislang darüber wachte, welche Partei sich bilden durfte und welche nicht. Damit konnten sich linke Gruppierungen legal bilden, unter denen die Anfang 1961 konstituierte »Arbeiterpartei der Türkei« (TIP) herausragte. Gleichzeitig wurde die DP wegen eklatanter Verstöße gegen die Verfassung verboten, während die neue Führung Gerichtsverfahren gegen Bayar, Menderes und andere prominente Mitglieder des alten Regimes vorbereitete.

Diese begannen im Herbst 1960. Vorgeworfen wurde den DP-Politikern nicht nur Korruption und Machtmissbrauch, sondern auch die Verantwortung für die Pogrome im Jahr 1955 gegen die griechische Minderheit. Im September 1955 wurde von einem Bombenanschlag auf das Geburtshaus von Kemal Atatürk in Thessaloniki berichtet, auf dessen Grundstück sich das türkische Generalkonsulat befindet. Daraufhin drang eine wütende Menge in Istanbul in die griechischen Viertel ein, die dort mehrere Menschen (darunter Priester und Würdenträger) tötete, Häuser in Brand steckte und Geschäfte sowie kulturelle Einrichtungen der Griechen systematisch zerstörte. Nicht zuletzt laut den Prozessen gegen die DP-Führung hatte diese mithilfe des türkische Geheimdienstes selbst den Bombenanschlag – bzw. die Explosion einer Bombe im Garten des Hauses – inszeniert, woraufhin Anhänger von ihnen, befeuert von dem DP-nahen Verein »Zypern ist türkisch«, in den griechischen Vierteln wüteten. Damit war die Regierung Menderes auch dafür verantwortlich, dass zahlreiche Griechen, ihres Lebens in dessen Regime nicht mehr sicher, nach Griechenland auswanderten. Hatte die Minderheit nach dem Zweiten Weltkrieg noch über 100.000 Personen (mithin ein Zehntel der damaligen Istanbuler Bevölkerung ausgemacht), so sank ihre Zahl in der Folge der Pogrome auf wenige Tausend. Heute leben in der Stadt, die mittlerweile rund 16 Millionen Einwohner zählt, nur noch rund 2.000 Griechen, die fast allesamt im Pensionsalter sind. Schließlich machte das Gericht die DP-Regierung auch für die Toten im April 1960 verantwortlich und konstatierte, die Parteiführung habe die Demokratie abschaffen und eine Diktatur der DP errichten wollen. Angesichts dieser Vorwürfe überraschte es nicht, dass Bayar, Menderes und 13 weitere führende Politiker der DP, darunter der bisherige Finanzminister Polatkan und Außenminister Zorlu, zum Tod durch den Strang verurteilt wurden. Gürsel, der seit dem Putsch quasi Staatsoberhaupt war, begnadigte elf der Verurteilten zu Haftstrafen, bestätigte aber das Urteil gegen Polatkan, Zorlu und Menderes. Letzterer versuchte daraufhin, sich durch Selbstmord seiner Verantwortung zu entziehen, doch konnte dies durch die Gefängniswärter vereitelt werden. Im September 1961 wurden die Urteile schließlich auf der Gefängnisinsel Imralı vollstreckt. Der fast 80-jährige Bayar wurde hingegen wegen seines Alters verschont. Er blieb einige Jahre in Haft und wurde nach Gürsels Tod in einen Hausarrest entlassen.

Noch während die Prozesse liefen, arbeitete das Komitee die versprochene Verfassung aus, die sich durch zwei Besonderheiten auszeichnete. Zum einen sah diese Konstitution die Schaffung eines eigenen Verfassungsgerichtshofs vor, der künftig darüber wachen sollte, dass sich Regierung und Parlament im Rahmen der Gesetze bewegten. Zum anderen schuf man mit diesem Dokument einen Nationalen Sicherheitsrat, dem neben den führenden Politikern auch der Generalstabschef sowie die Oberkommandierenden der Land-, Luft- und Seestreitkräfte sowie der Kommandant der Gendarmerie angehörten, womit sich die Armee auch für die Zukunft ihren Einfluss auf die politischen Entscheidungen des Landes sicherte. In einer eigens abgehaltenen Volksabstimmung fand das Dokument die erforderliche Mehrheit. Gürsel wurde daraufhin auch formell zum vierten Präsidenten der Republik gewählt, das Amt des Ministerpräsidenten übernahm im November 1961 Ismet Inönü, womit das Land zur demokratischen Normalität zurückgekehrt war.

Inönü begann seine neuerliche Amtszeit allerdings mit einem merklichen Dämpfer. Angesichts der Ereignisse rechnete die CHP bei den Wahlen 1961 mit einer erkennbar deutlichen Zustimmung zu ihrem Kurs, zumal die DP ja verboten worden war und als Opponent ausfiel. Allerdings gruppierten sich die Anhänger des alten Regimes im Vorfeld der Wahl neu. Sie bildeten die »Adalet Partisi« (Gerechtigkeitspartei, AP), die zunächst unter der Leitung jenes Generals stand, der im Mai 1960 fast den Putsch vereitelt hätte, ehe sich die AP auf den Ingenieur Süleyman Demirel als neuen Anführer einigte. Der Urnengang brachte dann ein überraschendes Ergebnis. Während die CHP gegenüber 1957 kaum Zugewinne verzeichnen konnte, erhielt die AP mehr als 34 Prozent der Stimmen und zwang die CHP damit in eine »große Koalition«, die gleichwohl ungewollt und von Anfang an auf beiden Seiten unpopulär war.

Immerhin aber gelang es der neuen Regierung, einige wichtige wirtschaftliche Impulse zu setzen. Sie setzte bewusst auf Industrialisierung des ländlichen Raums, errichtete Stahlwerke (von denen jenes im ehedem strukturschwachen Iskenderun von besonderer Wichtigkeit war) und schuf vor allem in der Schwerindustrie zahlreiche neue Arbeitsplätze, womit die immer weiter wachsende Gruppe von Personen, die in der Landwirtschaft keine Verwendung mehr fand, wieder in Beschäftigung kam. Dennoch blieb die Lage volatil. Vor allem die jüngere Generation von Armeeangehörigen hielt es für einen Fehler, die Geschicke der Nation wieder in die Hände von Politikern gegeben zu haben, wogegen 1962 und 1963 zweimal erfolglos geputscht wurde. Oberst Türkeş, einer der Wortführer dieser radikalen Richtung in der Armee, beschloss daraufhin, selbst Politiker zu werden und stellte sich an die Spitze einer Partei, die ab 1969 den Namen »Partei der Nationalistischen Bewegung« (MHP) tragen sollte. Bekanntheit erlangte die MHP vor allem durch ihre paramilitärische Formation der »Grauen Wölfe«, die es als ihre Aufgabe sahen, die »Reinheit der türkischen Nation« von Andersdenkenden, Linken und vor allem nationalen Minderheiten zu säubern.

Vor allem aber gelang es der Koalitionsregierung nicht, die durch die Politik der DP hervorgerufene gesellschaftliche Fragmentierung zu überwinden, wie sie es auch nicht schaffte, den ungebrochenen Einfluss islamistischer Kreise zurückzudrängen. Diese profitierten von der sozialen Schieflage, die vor allem in den ungleichen Besitzverhältnissen – fehlender Landreform für Kleinbauern bei gleichzeitiger Subventionierung von Großgrundbesitzern – und im starken Ost-West-Gefälle der Investitionen gründete und die durch das rasante Bevölkerungswachstum in den ländlichen Regionen weiter verschärft wurde. Der krasse Gegensatz zwischen Stadt und

Land manifestierte sich unter anderem darin, dass sich nahezu zwei Drittel aller Arbeitsplätze im sekundären Sektor in den vier Städten Istanbul, Ankara, Izmir und Adana befanden, wo auch mehr als drei Viertel des Bruttonationalprodukts erwirtschaftet wurden. Unmittelbare Folge dieser Entwicklung war – forciert auch durch das Anwerbeabkommen mit Westdeutschland (1961) – eine verstärkte Landflucht, die etwa die Einwohnerschaft Istanbuls binnen weniger Jahre von knapp mehr als einer Million Menschen auf nahezu drei Millionen anwachsen ließ. Denn während in früheren Zeiten männliche Arbeitskräfte über den Winter in die Städte gezogen waren, um dort die Zeit bis zur nächsten Aussaat zu überbrücken, brachen nunmehr ganze Familien ihre Zelte ab, um ihre Zukunft in den Städten zu finden, mit denen sie sozialen Aufstieg, wirtschaftliche Sicherheit und Bildungschancen für ihre Kinder verbanden. Diese Migranten errichteten im Umland der urbanen Zentren zumeist illegal Unterkünfte, die gleichwohl von der lokalen Politik toleriert wurden, weil sie in den Neuankömmlingen potentielle Gefolgschaft sahen. Diese »gecekondu«-Siedlungen (wörtlich »über Nacht erbaut«) wuchsen rasch an und wurden bald regelrechte Stadtteile mit einer entsprechenden Infrastruktur. Es entstanden dort alsbald auch öffentliche Einrichtungen wie Schulen oder Spitäler, dazu wurden Einkaufszentren errichtet und lokaler Handel betrieben. Jene, die einst aus den östlichen Provinzen aufgebrochen waren, avancierten mit der Zeit zu einer Art neuem Kleinbürgertum, das gegen Ende des 20. Jahrhunderts zu einem eigenen politischen Faktor werden sollte.

Mitte der 60er Jahre waren die Neuankömmlinge aber insbesondere ungelernte Arbeiter, klassische Proletarier mithin, und damit eigentlich die perfekte Klientel für eine linke Partei. Tatsächlich sah die 1961 gegründete TIP hier ihre primäre Wählerschicht, die sie zu vertreten beabsichtigte. Als sie sich erstmals 1965 an den Wahlen beteiligte, blieb ihr Erfolg mit 15 von 450 Abgeordneten dennoch überschaubar. Entgegen ihres Namens und ihres programmatischen Anspruchs war die Arbeiterpartei in zunehmendem Maße eine Organisation, die vor allem für Intellektuelle attraktiv war und unter deren Dach sich verschiedene Strömungen sammelten. Das Zentrum linker Aktivität verlagerte sich mehr und mehr auf das universitäre Gebiet, wo ideologische Debatten mit zunehmender Erbitterung geführt wurden. Zeugnis davon legten die zahlreichen Printmedien ab, die wie Pilze aus dem Boden schossen.

Demgegenüber stand ein allmählich wieder erstarkender Islam, der sich vor allem durch kulturelle Einrichtungen eine eigene Klientel unter den ungebildeten Schichten mit ländlichem Hintergrund schuf. Wer den sozialen Aufstieg anstrebte und für sich in den staatlichen Strukturen keine Chance sah, konnte sich unter den Schutzmantel islamischer Orden und ihrer Netzwerke begeben, um dort Karriere machen zu können. Eine besondere Rolle nahm dabei der Nakşibendi-Orden ein, dem spätere Spitzenpolitiker wie Necmettin Erbakan oder Recep Tayyip Erdoğan nahestanden.

Die AP wiederum verstand sich als Repräsentantin des klassischen Handwerkertums und Kleingewerbes, in der gleichwohl dennoch die Wirtschaftskapitäne der Städte und die Großgrundbesitzer der Landregionen das Sagen hatten. Mit geschickter populistischer Rhetorik gelang es Demirel, seine Partei als die Sammlungsbewegung der Fleißigen und Aufstiegswilligen zu präsentieren, welche die faule und träge Bürokratie um die verdienten Früchte ihrer Arbeit bringe. Zudem stilisierte man die eigenen potentiellen Wähler als fromm und gottesfürchtig und versicherte ihnen, sie wirkungsvoll vor der Bedrohung durch Kommunisten und andere Linke zu schützen. Diesem Argumentationsarsenal hatte der alternde

Inönü wenig entgegenzusetzen, als er 81-jährig in die Wahlen vom Oktober 1965 ging. Sein »Weiter so« veranlasste viele Wähler seiner Partei, am Wahltag zu Hause zu bleiben (die Wahlbeteiligung sank von knapp 82 auf etwas über 71 Prozent), sodass die AP nicht nur auf Platz 1 landete, sondern sogar eine absolute Mandatsmehrheit einfuhr. Im Alter von 40 Jahren avancierte Demirel erstmals zum Ministerpräsidenten des Landes. Die Armeeführung akzeptierte dieses Faktum, nachdem die AP im Gegenzug die Wahl von Generalstabschef Cevdet Sunay als Nachfolger von Präsident Gürsel ermöglichte, der damit fünfter Staatspräsident der Republik wurde.

Ungeachtet dieses Zugeständnisses an die Armeeführung trachtete Demirel danach, die alte DP-Achse zwischen Bourgeoisie einer- und islamischen Aktivisten andererseits weiterhin für seine politischen Zwecke zu nutzen. Gekonnt präsentierte er sich als Bollwerk gegen die linken Studenten, gegen die er die Islamisten mobilmachen ließ. Dieser Richtungsstreit verlagerte sich buchstäblich auf die Straße, wo linke Demonstrationen von rechten Gegendemonstrationen bedrängt wurden, wobei es immer wieder zu gewalttätigen Ausschreitungen kam. Die AP-Alleinregierung sah wohlwollend zu, wie islamische Orden und Vereine neue Moscheen und Agitationszentren erbauten, und ermunterte deren Vertreter, durch Korankurse und ähnliche Propaganda ein Gegengewicht zu den aufstrebenden linken Organisationen und fortschrittlichen Gewerkschaften – 1967 wurde der noch heute bedeutende Dachverband DISK gegründet – zu schaffen.

Die Linke wusste darauf zu reagieren. Nach jahrzehntelangen Verboten in ihren Möglichkeiten stark eingeschränkt, waren linke Gruppierungen zunehmend an Universitäten wahrnehmbar, von wo aus es Bestrebungen zu einer flächendeckenden landesweiten Organisierung mit klar ideologischer

Basis gab. Angesichts der sozialen Verhältnisse in der Türkei ist es nicht weiter verwunderlich, dass sich die so geschaffene »Föderation der revolutionären Jugend« (Dev-Genç) ein Programm gab, das sich unter anderem auf Lehren der kubanischen Revolution und Verlautbarungen Maos bezog. Zwischen 1965 und 1970 gelang es Dev-Genç, einige Tausend Aktivisten zu organisieren, die vor allem Aktionen gegen die US-Präsenz im Lande und zur Unterstützung des vietnamesischen Befreiungskampfes setzten. 1969 kam es in Istanbul, als die 6. Flotte der USA am Bosporus ankerte, beim Angriff auf eine Demonstration von rund 10.000 Menschen zum »blutigen Sonntag« mit zwei Toten. Außerdem unterstützte Dev-Genç aktiv Arbeiterstreiks und lieferte sich entschlossene Kämpfe mit den »Grauen Wölfen« des Alparslan Türkeş. Tatsächlich gewann die Organisation einen gewissen Einfluss, der nicht ohne Konsequenzen auf die parlamentarisch vertretene TIP blieb, die 1969, wenn auch mit Verlusten, abermals in die Nationalversammlung eingezogen war. Diese gab sich mit der ausgewiesenen Marxistin Behice Boran als neuer Vorsitzenden eine substantiell linkere Parteiführung und griff als erste Parlamentspartei die kurdische Frage auf. Beide Gruppierungen wurden von der politischen Rechten mehr und mehr als Bedrohung wahrgenommen, sodass die Konflikte zwischen links und rechts allmählich eskalierten, ohne dass die Regierung ordnend eingriff. Die Armeeführung sah sich daher veranlasst, ein weiteres Mal zu intervenieren. Im März 1971 wurde Demirel zum Rücktritt genötigt und durch einen Vertreter der CHP, Nihat Erim, ersetzt. Gleichzeitig aber zeigte sich, dass die Armee seit Gürsels Tod merklich nach rechts gerückt war. Auf ihre Veranlassung hin wurden sowohl die TIP als auch Dev-Genç verboten, während die Rechte unbehelligt blieb.

Die Intervention vom März 1971 stürzte die Linke in nicht geringe Konfusion. Vor allem das Kollektiv von Dev-Genç nutzte die Illegalität zu einer inhaltlichen Klärung, die gleichwohl zur Aufsplitterung in zahlreiche verschiedene neue Organisationen führte, die sich zumeist ein ähnliches ideologisches Fundament gaben, dessen ungeachtet aber oftmals in erbitterter Gegnerschaft zu den anderen Organisationen standen. Zu nennen sind hier vor allem drei Gruppen. Der »Revolutionäre Weg« (Devrimci Yol bzw. Dev-Yol), die »Revolutionäre Linke« (Devrimci Sol bzw. Dev-Sol) und die »Kommunistische Partei der Türkei / Marxisten Leninisten« (TKP/ML). Letztere wurde 1972 als Avantgarde des Proletariats gegründet und bekannte sich zum Sturz des kapitalistischen Systems in der Türkei, an dessen Stelle ein Volksstaat unter proletarischer Führung errichtet werden sollte. Zu diesem Zweck wurde eine eigene »Arbeiter- und Bauernbefreiungsarmee« (Türkiye Işçi Köylü Kurtuluş Ordusu, TIKKO) ins Leben gerufen, die im Wege eines Volksbefreiungskampfes die Revolution vorbereiten sollte. Doch bereits im Januar 1973 wurde diese in der Region Tunceli (Dersim) vollkommen aufgerieben, wobei auch der Anführer der Partei, Ibrahim Kaypakkaya, festgenommen und wenige Monate später im Gefängnis nach schwerer Folter umgebracht wurde. Wirklicher Einfluss auf die türkische Arbeiterschaft blieb der TKP/ML verwehrt, doch erfreute sie sich vor allem in der Diaspora einer zunehmenden Beliebtheit, die zum Teil bis zum heutigen Tag anhält. Unterdessen waren im Mai 1972 nach einem aufsehenerregenden Prozess Deniz Gezmiş, Yusuf Aslan und Hüseyin Inan erhängt worden. Die drei galten als Führungspersonen der 68er-Bewegung und hatten 1970 mit dem Ziel einer National-Demokratischen Revolution die THKO (Volksbefreiungsarmee der Türkei) mitgegründet.

Auch Dev-Sol verfügte über einen bewaffneten Arm. Die vielleicht spektakulärste Aktion sollte Dev-Sol gelingen, als sie 1980 Nihat Erim, der 1971/72 Ministerpräsident gewesen war, in Istanbul erschoss. Einen ähnlich aktionistischen Kurs fuhr Dev-Yol, wenngleich sich dieser mehr gegen Einrichtungen des militärisch-industriellen Komplexes richtete. Ähnlich wie die RAF in Deutschland oder die Brigate Rosse in Italien hielten diese Organisationen die türkische Öffentlichkeit mehrere Jahre lang in Atem, ehe sie durch den Putsch von 1980 einen vernichtenden Schlag erfuhren, von dem sie sich kaum erholen sollten. Ab den 1990er Jahren sollte die bewaffnete Tradition mit einer Formation wie der DHKP-C fortgesetzt werden, die in manchen Vierteln Istanbuls stärker verankert war und in deren kulturellem Umfeld die Musikband Grup Yorum ein Massenpublikum weit über die eigene Anhängerschaft hinaus erreichen sollte.

Nihat Erim gelang es nicht, das Land zu stabilisieren, sodass er bald gegen einen anderen Bürokraten ausgetauscht wurde. 1973 starb Ismet Inönü, gegen den sich der junge Bülent Ecevit im Jahr zuvor in einer Kampfabstimmung als Generalsekretär der CHP durchgesetzt hatte – ein Parteiamt, das dieser schon seit 1966 bekleidete. Dieser erkannte, dass seine Partei, wollte sie wieder Regierungsverantwortung übernehmen können, eine Linkswende vollziehen musste, um neue Wählerschichten ansprechen zu können. Ecevit zog daher mit einem nahezu sozialdemokratischen Programm in den Wahlkampf des Jahres 1973, in welchem er unter anderem eine flächendeckende Krankenversicherung, adäquates Arbeitslosengeld und eine Bodenreform für landlose Bauern in Aussicht stellte. Mit 33,3 Prozent der Stimmen konnte Ecevits CHP zwar den ersten Platz belegen, aber sie verfehlte deutlich die absolute Mehrheit und war daher auf einen Koalitionspartner angewiesen. Die Gegnerschaft zur AP manifestierte sich auch in persönlichen Animositäten zwischen Ecevit und Demirel, sodass eine Neuauflage der »großen Koalition« nicht infrage kam. In Ermangelung anderer Alternativen ging Ecevit ein Bündnis mit der islamistischen Nationalen Heilspartei (MSP) des Necmettin Erbakan ein, was nicht nur politische Beobachter, sondern auch die jeweiligen Anhänger der beiden Parteien schlicht sprachlos machte.

Ecevit war kaum Regierungschef geworden, als er sich einer außenpolitischen Herausforderung gegenübersah. Die lange schon spannungsreiche Lage auf der Insel Zypern begann entscheidend zu eskalieren. Auf Zypern lebten mehrheitlich Griechen, doch gab es auch eine nennenswerte türkische Minderheit. Als nun die Briten im Sommer 1960 das Eiland in die Unabhängigkeit entließen, sorgten sie für eine Konstellation, in der die Rechte eben dieser Minderheit gewahrt bleiben sollten. Das Modell stellte sich jedoch rasch als ebenso unbeliebt wie unpraktikabel heraus, was wiederholt zu markanten Spannungen geführt hatte. Eine neue Dimension erhielt dieser Konflikt durch die Errichtung einer faschistischen Diktatur in Griechenland, deren erklärtes Ziel die Eingliederung Zyperns in den griechischen Staatsverband war. Um dies zu erreichen, unternahmen die Obristen (die Junta-Regierung in Athen) einen Putschversuch auf Zypern, der vollendete Tatsachen schaffen sollte. Ecevit sah damit seine Chance gekommen, sich als Retter der Nation zu präsentieren und schickte türkische Truppen nach Zypern, um dort den griechischen Bestrebungen einen Riegel vorzuschieben. Nur fünf Tage nach dem Putsch landeten 40.000 türkische Soldaten im Nordosten der Insel und besetzten in der Folge ein gutes Drittel des Eilands. Sofort begannen die türkischen Truppen mit der Vertreibung der dort ansässigen griechischen Bevölkerung, insgesamt mehr als 150.000 Menschen, wobei 1.500 Griechen spurlos verschwanden, sodass davon ausgegangen wird, dass sie im Zuge der militärischen Operationen getötet wurden. Zwar konnte sich Ecevit zu Hause als siegreicher Feldherr feiern lassen, real aber bedingte seine Intervention die, wie sich zeigen sollte, dauerhafte Teilung der Insel, ohne dass deren Probleme seitdem zufriedenstellend hätten gelöst werden können.

Ecevit wähnte sich stark genug, die auch von ihm wenig geliebte Koalition mit den Islamisten zu beenden, um im Wege vorzeitiger Neuwahlen angesichts seiner Popularität eine absolute Mehrheit zu erhalten. Erbakan aber reagierte rasch. Er arrangierte sich mit Demirel, und Ecevit wurde im November 1974 durch die Bildung einer neuen Rechtskoalition aus AP, MSP, MHP und der CHP-Abspaltung CGP gestürzt. Während sich die AP in dieser »Regierung der Nationalen Front« auf die Wirtschaft konzentrierte, gelang es den Islamisten, den Staatsapparat systematisch mit ihren Leuten zu durchsetzen. Stolz verkündete Erbakan wenig später, man habe sichergestellt, dass 40 der 67 Provinzgouverneure Menschen seien, die fünfmal am Tag beteten, also fromme Moslems waren. Zwar statteten die Wähler Ecevit bei den regulären Wahlen 1977 abermals mit einer Mehrheit aus, doch verfehlte er die nötige absolute um einige Sitze, sodass Demirel und Erbakan gemeinsam mit Türkeş an ihre Koalition anknüpfen konnten. Als diese sich im Januar 1978 überwarfen, konnte Ecevit ein Comeback feiern. Dies allerdings zu einem Zeitpunkt, an dem sich die Türkei in einer mehr als veritablen Krise befand.

Die Ölkrise der Jahre 1973/74 hatte die importabhängige Türkei schwer getroffen. Ein Großteil ihrer Deviseneinnahmen ging im Ankauf von Erdöl und anderer wesentlicher Güter auf, sodass es vermehrt zu Versorgungsengpässen kam. Dies führte dazu, dass die privaten Haushalte oftmals keinen Strom bekamen und die Bürger immer wieder ohne Treibstoff dastanden. Angesichts der immer negativer werdenden Handelsbilanz und der markanten Preissteigerungen galoppierte die Inflation in schwindelerregende Höhen, sodass die Türkei alsbald auf eine Zahlungsunfähigkeit zusteuerte. Ecevit, eben erst wieder Ministerpräsident geworden, pilgerte daher zum Internationalen Währungsfonds, um dringend benötigte Kredite zu erhalten. An die Gewährung von Geldern knüpfte der IWF aber Bedingungen, die für die CHP mit Blick auf ihren sozialpolitischen Kurs absolut unannehmbar waren. So wurden massive Kürzungen der Staatsausgaben gefordert, die sich in nennenswerten Einsparungen im Sozialbereich manifestieren sollten. Auch sollte dem Staat jedweder Einfluss auf vitale Teile des Wirtschaftslebens, etwa im Banken- und im Versicherungsbereich, entzogen werden. Ecevit zog aus dieser Erpressung die einzig für ihn mögliche Konsequenz und trat zurück.

Damit kam Demirel zum dritten Mal an die Regierungsspitze. Der hatte keinerlei sozialpolitische Bedenken und erklärte sich zur buchstabengetreuen Umsetzung der harschen IWF-Bedingungen bereit. Die tiefen Einschnitte trafen breite Teile der türkischen Bevölkerung ins Mark, was entsprechende Reaktionen hervorrief. Es kam zu Streiks, Fabrikbesetzungen und Massendemonstrationen, gegen die Demirel mit großer Härte vorgehen ließ. Er schreckte nicht davor zurück, Gruppen wie die »Grauen Wölfe« aktiv zu einem Eingreifen gegen die ihre berechtigten Anliegen Vorbringenden zu ermuntern. Wie skrupellos die »Grauen Wölfe« vorgingen, zeigte unter anderem das Massaker von Kahramanmaraş, wo diese mehr als hundert Aleviten ermordeten.

Zusätzlich verlieh die Machtübernahme der Mullahs im Iran islamistischen Kräften in der Türkei Auftrieb, die daher immer unverhohlener eine Re-Islamisierung der Republik forderten. Die Heilspartei bekannte sich vorbehaltlos zum Ziel eines islamischen Staates, was sie auf ihrem Parteitag 1979 mit dem Slogan »Islam oder Tod« melodramatisch unterstrich. Erbakan ließ sich bei seinen Versammlungen von grünen Fahnen umgeben, die als Symbol Mohammeds gelten, und pochte immer wieder auf die Einführung der Scharia als Grundlage des türkischen Gerichtswesens.

Gingen die Islamisten primär gegen Atheisten und Andersgläubige vor, so konzentrierten sich die »Grauen Wölfe« mehr und mehr auf die Kurden, die es ihrem Weltbild entsprechend gar nicht geben durfte. Die fortwährenden Übergriffe führten dazu, dass die Kurden ihrerseits nach Möglichkeiten suchten, sich zu schützen und zu organisieren. Unter den neu geschaffenen Vereinigungen ragte bald die 1978 gegründete »Arbeiterpartei Kurdistans« (PKK) hervor, die nicht nur den türkischen Nationalisten die Stirn bot, sondern sich auch gegen jene wandte, die mit den türkischen Behörden kooperierten, womit die PKK freilich schnell ins Fadenkreuz des türkischen Sicherheitsapparats geriet.

Ende der 70er Jahre war die Gewalt auf den Straßen alltäglich geworden. Einschneidend war der »Blutmai« bzw. das »Taksim-Massaker« von 1977 gewesen, als in Istanbul aus Anlass des 1. Mai rund 500.000 Menschen demonstrierten. Am Taksim-Platz feuerte ein Spezialkommando aus einem Hotelfenster und aus dem Gebäude der Wasserbehörde heraus in die Menge, in der Folge kam es zu mindestens 35 Toten. Ecevit, zu der Zeit nicht in Regierungsverantwortung, sprach von einer Aktion der »Konterguerilla«, ein Fingerzeig auf Strukturen rund um das »Amt für besondere Kriegsführung«, die auch als »tiefer Staat« bezeichnet werden sollten und deren »Strategie der Spannung« geradezu prototypisch mit der Türkei in Verbindung gebracht wird.

Unter Regierungsbeteiligung der MHP war der Sicherheitsapparat inzwischen mit Personen aus jenen Strukturen durchsetzt, die auf der Straße für zahlreiche Mordanschläge sorgten. Zu deren Zielen gehörten neben politischen Aktivisten auch Wissenschaftler, Journalisten oder Gewerkschafter.

Sogar Ecevit wurde unverhohlen gedroht, es werde ihm wie Chiles Präsident Allende ergehen. Rechter Terror bedingte linke Reaktionen, gegen die wiederum die Polizei einschritt. Für die breite Masse wurde das Tagewerk zu einem wahren Spießrutenlauf, wobei die ökonomische Misere die politische Krise weiter verschärfte. Neun Jahre nach ihrem Memorandum sah sich die Armee gezwungen, ein weiteres Mal einzugreifen.

6.
Vom neuerlichen Militärputsch zum Neoliberalismus

In den frühen Morgenstunden des 12. November 1980 rollten ein weiteres Mal die Panzer durch die Straßen türkischer Städte. Gleichzeitig wurde die Bevölkerung über Radio und Fernsehen darüber informiert, dass die Armee die Regierung Demirel abgesetzt und den Ausnahmezustand verhängt habe. In weiterer Folge wurden die führenden Vertreter der Parteien, darunter Demirel, Ecevit, Erbakan und Türkeş, verhaftet, die Tätigkeit der Parteien selbst behördlich unterbunden. Generalstabschef Kenan Evren bildete mit den Kommandanten der Teilstreitkräfte und dem Befehlshaber der Gendamerie eine fünfköpfige Staatsspitze, während Admiral Bülent Ulusu damit beauftragt wurde, eine Regierung zu bilden.

Anders als bei den Interventionen 1960 und 1971 griff die Armee diesmal hart durch. Nach – offenbar seit längerem vorbereiteten – schwarzen Listen wurden der Reihe nach Aktivisten der unterschiedlichen politischen Lager in Haft genommen, wobei die Zahl der Inhaftierten innerhalb eines Jahres auf über 120.000 anwuchs. Und wenn sich unter den Gefangenen auch Konservative, Nationalisten und Islamisten befanden, so wurde rasch klar, dass sich die Armee primär gegen Linke wandte. Diese wurden von Sondergerichten zu teils drakonisch hohen Gefängnisstrafen verurteilt, wenn sie nicht, was durchaus nicht selten vorkam, sogar hingerichtet wurden, was vor allem für Repräsentanten von Dev-Yol, Dev-Sol, TKP/ML und die kurdische Linke zutraf. Angesichts des rücksichtslosen Vorgehens der Militärgerichtsbarkeit kam praktisch jede linke Aktivität zum Erliegen. Auch aktive Gewerkschafter wurden weggesperrt und ihre Organisationen, wie etwa die DISK, um jeden Widerstand gegen die beinharten liberalen Wirtschaftsmaßnahmen der Junta von vornherein zu brechen. Oftmals wurden die der Freiheit Beraubten gefoltert und verschwanden danach in Arbeitslagern, wo sie, völlig isoliert, auch noch psychischer Folter ausgesetzt wurden. Deren Lage sollte 1982 der renommierte Regisseur Yılmaz Güney den in Cannes ausgezeichneten Film »Yol – Der Weg« widmen.

Welche Rolle die USA bei dem Putsch genau spielten, ist ebenso umstritten, wie der Nachweis der viel zitierten Worte »Our boys did it«, zugeschrieben dem einstigen CIA-Türkeichef Paul Henze, schwierig ist. Doch der Protest des Westens gegen den Militärputsch hielt sich allemal in Grenzen, denn Staatschef Evren machte umgehend klar, dass die neue Führung die Vorgaben des IWF auf Punkt und Komma erfüllen werde. Dies gelang umso mehr, als ja jedweder potentielle Widerstand durch die Diktatur unterbunden worden war. Dazu heuerte die Armeeführung einen ehemaligen Politiker von Erbakans Heilspartei, Turgut Özal, an, der sich in Sachen Thatcherismus und Reaganomics als Musterschüler erwiesen hatte. Früher als andere europäische Staaten beschritt die Türkei damit den Weg des Neoliberalismus. Özal öffnete die türkische Wirtschaft US-amerikanischen Investoren und verschacherte das Tafelsilber zu Dumpingpreisen an ausländische Firmen. So marktliberal die neue Führung ökonomisch agierte, so restriktiv verfuhr sie in gesellschaftlichen Belangen. Die Rede- und Versammlungsfreiheit wurde radikal eingeschränkt, das

Streikrecht nachhaltig beschnitten und Publikationen einer rigiden Vorzensur unterworfen. Einmal mehr wurde die Verwendung von Minderheitensprachen – allen voran das Kurdische – in der Öffentlichkeit verboten, weshalb auch jedwedes Druckwerk auf Kurdisch automatisch untersagt war. Ebenso verfemt war nichttürkische Volksmusik, was die kurdische wie die griechische, aber auch die arabische Minderheit im Südosten des Landes betraf. Selbst harmlose Vereine wie Sportklubs oder Briefmarkensammler mussten sich einer genauen Überprüfung unterziehen, ehe sie ihre Tätigkeit entfalten durften. Die Arbeiterschaft wurde ebenso entrechtet wie alle nichtislamischen Religionsgemeinschaften, wobei sogar deviante religiöse Strömungen wie die Aleviten oder diverse Sufi-Orden verfolgt wurden. Kurz gefasst, das Regime Evren/Özal war die bislang brutalste Diktatur in der Geschichte der Republik.

Und die Staatsführung hatte vor, ihre Sicht der Dinge dauerhaft in der türkischen Bevölkerung zu verankern. Beginnend in den Grundschulen wurde ein konservativ-islamisches Weltbild propagiert, in dem Atatürk nur noch am Rande und ideologisch im Sinne der Diktatur umgefärbt vorkam. Die Ideologie vom guten, weil muslimischen Türken, der von linken, atheistischen Fremden im eigenen Land bedroht sei, wurde in alle gesellschaftlichen Bereiche implementiert, und wer dagegen auch nur still opponierte, konnte umgehend in die Mühlen der Militärgerichtsbarkeit geraten. Lehrer und Professoren mussten sich permanent in Ergebenheitsbekundungen ergehen und hatten den unmissverständlichen Auftrag, die Staatsdoktrin selbst in Fächern wie Geometrie oder Mechanik zur Anwendung zu bringen. Eine zentrale Studienkommission (YÖK) überprüfte nicht nur das Lehrpersonal auf seine ideologische Zuverlässigkeit, sondern legte auch die jeweiligen Lehrpläne fest und kontrollierte penibel deren regierungstreue Umsetzung. Staatliche Kontrollinstanzen wurden auch für die Kultur, die Medien und die Kunst geschaffen, um von vornherein jede abweichende Äußerung zu verunmöglichen. Selbst das jeweilige Fernsehprogramm wurde einer Vorabprüfung unterzogen. Das Regime war damit im Alltag der Menschen buchstäblich omnipräsent.

Dies zeigte sich auf dem Feld der Politik. Bis auf die unterste kommunale Ebene waren fast alle Funktionsträger vom Dorfbürgermeister bis hinauf zum Gouverneur ausgewechselt und durch regimetreue Kräfte ersetzt worden. Die alten Parteien wurden aufgelöst, ihre Namen verboten und sogar ihre Parteiarchive kassiert. Jede Erinnerung an sie und ihre Repräsentanten sollte getilgt werden. Gleichwohl war der Armee bewusst, dass es ihre Kräfte übersteigen würde, dauerhaft selbst alle Ämter zu besetzen, weshalb sie eine Verfassung ausarbeitete, die im November 1982 der Bevölkerung zur Abstimmung gestellt wurde. Angesichts der massiven Einschüchterungen, der massiven Eingriffe in die Wahllisten und anderer Machenschaften konnte kaum von einer freien Wahl die Rede sein, doch Evren wertete die auf diese Weise zustandegekommenen 91 Prozent als klaren Auftrag zur Umsetzung der neuen Konstitution, mit deren Annahme er selbst automatisch zum siebenten Präsidenten der Republik gekürt worden war. Derart gefestigt, wagte das Regime ein Jahr später eine Art gegängelter Rückkehr zur Demokratie, indem im November 1983 erstmals seit sechs Jahren wieder Parlamentswahlen abgehalten wurden.

Diese freilich erfolgten gleichfalls unter erheblichen Einschränkungen. Einerseits konnte nur eine Partei in die Nationalversammlung einziehen, die mehr als zehn Prozent auf sich vereinigt hatte, andererseits durften nur neue, vom Regime genehmigte, Parteien mit von der Junta goutierten Kandidaten antreten. Dem ehemaligen Islamisten Özal wurde dabei ein Startvorteil eingeräumt, durfte er doch seine »Mutterlandspartei« (ANAP) schon im Mai 1983 gründen, während seine beiden Mitbewerber, die »Populistische Partei« (HP, ein Sammelbecken für ehemalige Anhänger der CHP) und die »Nationalistische Partei der Demokratie« (MDP, ein Auffangbecken für die Anhänger von Alparslan Türkeş) erst unmittelbar vor der Wahl an die Öffentlichkeit treten durften.

Insofern überrascht es, dass HP und MDP gemeinsam 53 Prozent der Stimmen erhielten und mithin acht Prozent mehr als der Protegé der Diktatur, auf dessen ANAP 45 Prozent entfielen. Durch das mehrheitsfreundliche Wahlrecht erreichte Özal dennoch eine knappe absolute Mehrheit an Mandaten und konnte damit allein regieren.

Özal selbst, ein mausgrauer Bürokrat ohne besondere Fähigkeiten, war enorm von dem in den USA gerade hochmodernen Yuppietum angetan und umgab sich umgehend mit einem ganzen Haufen junger Männer – vom Volk ironisch »Özals Prinzen« genannt –, die auf ein Wirtschaftsstudium und einen USA-Aufenthalt verweisen konnten. Özal wiederholte gebetsmühlenartig das alte kapitalistische Mantra, wonach der »Markt« alles regle, und wurde nicht müde, sich als moderner Manager zu gerieren, der den Staat Türkei wie ein Unternehmen führe. Um die türkischen Waren für das Ausland attraktiv zu machen, nahm Özal bewusst eine neuerliche Inflation in Kauf, da eine abgewertete Lira den Bedürfnissen der Spekulanten am Weltmarkt entgegenkam. Zudem kehrte er ostentativ seine islamische Gesinnung hervor, um bei den kapitalstarken Golfstaaten Interesse an Investitionen in der Türkei zu erwecken. Allerdings war er auch an einer stärkeren Anbindung an die erstarkende Europäische Gemeinschaft, die spätere EU, interessiert, sodass er, je nach Anlass, unterschiedliche Register zog.

Özal setzte ganz auf das damals aufgekommene Modell »public private partnership«, was konkret bedeutete, dass wichtige Bauvorhaben im öffentlichen Interesse, etwa hinsichtlich der Erneuerung der Infrastruktur, privaten Unternehmen übertragen wurden, die diese Einrichtungen dann auch profitorientiert betreiben durften. Dabei wurde bewusst übersehen, dass sich Private nur für solche Baulose interessierten, die auch wirklich profitabel umzusetzen waren. Dementsprechend mussten »unrentable«, strukturschwache Gebiete wesentlich länger auf die Umsetzung von »Modernisierungen« warten, obwohl die Regierung die »private Initiative« generell großzügig subventionierte. Ein solches Vorgehen öffnete zudem Korruption und Günstlingswirtschaft Tür und Tor, wodurch einige Özals Partei nahestehende Entrepreneurs schnell zu großem Reichtum gelangten, ohne dass die Öffentlichkeit davon auch nur ansatzweise profitierte. Mangels staatlicher Kontrollinstrumente blühte alsbald ein regelrechter Wildwuchs, der die Schattenseiten des neoliberalen Modells schonungslos offenlegte, ohne dass es eine Interessensvertretung der Werktätigen gegeben hätte, die diese Missstände entsprechend hätte thematisieren können. Bald sprach man im Volk von den »Özal-Reichen«, die einer breiten Masse von unselbständig Erwerbstätigen, kleinen Beamten und Pensionisten gegenüberstanden, die durch Özals Wirtschaftspolitik immer mehr unter die Räder kamen.

Ungeachtet der sich mehr und mehr öffnenden Schere zwischen Arm und Reich setzte Özal die neoliberale Umstrukturierung konsequent weiter fort. Gleichzeitig versuchte er jedoch, sich vermehrt als gottesfürchtiger Diener des Volkes zu präsentieren, wobei er, ganz im Stil seiner Zeit, primär auf mediale Inszenierung setzte. So trat er im Blitzlichtgewitter der abkommandierten Presse mit seinen Ministern medienwirksam in Moscheen auf, ließ sich während der Pilgerfahrt in Mekka von einem Fernsehteam live begleiten und veranstaltete große öffentliche Fastenbrechen oder Beschneidungszeremonien vor großem Publikum. Seinen Kritikern blieb angesichts der von Özal zur Schau gestellten Frömmelei nur die Zuflucht zur Satire und zum galligen Humor.

Özal baute die staatliche Religionsbehörde stark aus, kurbelte den Moscheebau weiter an und weitete die Anzahl der Korankurse stark aus. Die Regierung Özal forderte öffentlich, die Evolutionstheorie nicht mehr in den Schulen zu lehren, sondern stattdessen die islamische Schöpfungsgeschichte zu propagieren. Säkulare Kräfte hatten genügend Gründe, alarmiert zu sein.

Doch blieb Özal seiner Chamäleon-Natur treu und forcierte im selben Atemzug türkisches Privatfernsehen, das fernab jeglichen Kulturauftrags seichteste Unterhaltung bis hin zu kaum verhüllter Erotik bot, was offenkundig im Widerspruch zu islamischen Lehren stand. Doch der fromme Özal wich, wenn die Inszenierung es erforderte, dem mondänen Lebemann, der sich in Nachtklubs zeigte und die Puppen tanzen ließ. Derlei Aufnahmen waren natürlich nicht für die heimische Klientel gedacht, sondern für das westliche Ausland, dem Özal auf diese Weise zu verstehen geben wollte, dass letztlich nichts so heiß gegessen werde, wie es gekocht wurde.

Doch auf Dauer war dieser populistische Spagat auch für Özal nicht durchzuhalten. Seine Popularität – so diese je gegeben war – sank unaufhaltsam, je prekärer die ökonomische Lage der breiten Masse wurde. Wiewohl Özal eifrig die Trommel gegen ein Referendum rührte, welches das Politikverbot für Ecevit, Erbakan, Demirel und Türkeş beenden wollte, stimmten 50,2 Prozent gegen den Ministerpräsidenten und gaben den »Alt-Politikern« damit die Möglichkeit, bei den turnusgemäßen Wahlen im November 1987 anzutreten.

Özal sah sich nun mächtigen Gegnern gegenüber. Die CHP trat unter dem Namen »Sozialdemokratische Volkspartei« (SHP) unter Inönüs Sohn Erdal an, während Ecevit, der sich mit dem Establishment seiner alten Partei überworfen hatte, eine eigene Partei, die »Demokratische Linkspartei«, aus der Taufe gehoben hatte. Die neue Heilspartei Erbakans hieß nun »Wohlfahrtspartei« (Refah Partisi, RP), und Demirel stellte sich den Wählern mit der »Partei des rechten Weges«. Die SHP und Demirels DYP schnitten mit 24,8 bzw. 19,1 Prozent durchaus achtbar ab. Ecevits DSP kam auf neun Prozent, Erbakan auf sieben, womit beide Parteien an der Zehnprozenthürde scheiterten. Nur diesem Umstand war es geschuldet, dass Özals ANAP, die verheerende Verluste einfuhr, mit 36 Prozent der Stimmen eine absolute Mandatsmehrheit erzielte. Dennoch galt Özal als angeschlagen. Um das Heft des Handelns wieder in die Hand zu bekommen, setzte Özal ein Referendum über die Vorziehung der Kommunalwahlen an und verknüpfte diese Frage mit seiner Person. Obwohl eine deutliche Mehrheit von 65 Prozent der Stimmberechtigten gegen Özal votierte, blieb dieser, seine Rücktrittsdrohung vergessend, stur im Amt. Als die Kommunalwahlen dann tatsächlich stattfanden, bekam Özal vom Wahlvolk die Rechnung präsentiert. Die ANAP fiel auf 22 Prozent und war hinter den 28 Prozent für die SHP und den 26 Prozent für die DYP nur noch drittstärkste politische Kraft.

In dieser Situation kam es Özal gelegen, dass die siebenjährige Amtszeit Kenan Evrens sich dem Ende zuneigte. Im November 1989 ließ er sich daher zum achten Staatspräsident der Republik wählen, Ministerpräsident wurde nach einem kurzen Intermezzo der neue starke Mann der ANAP, Mesut Yılmaz. Der stand jedoch von Anfang an auf verlorenem Posten, denn die ANAP hatte 1991 jeglichen Kredit verspielt. Einerseits verlor sie massiv an Zuspruch im urbanen Bereich, wo die kleinbürgerlichen Schichten nicht länger den Versprechungen, sie könnten reich werden, Glauben schenkten, andererseits hatten islamische Bevölkerungsgruppen in der Wohlfahrtspartei eine Alternative, die den Islamismus glaubwürdiger zu repräsentieren verstand.

Der November 1991 sah dann erwartungsgemäß einen großen Verlierer: die ANAP. Sie fiel auf Platz 2 hinter Demirels DYP zurück, zudem konnte auch Ecevits DSP ins Parlament einziehen. Große Gewinne erzielte die Wohlfahrtspartei, die auf knapp 17 Prozent kam. Relativ rasch einigten sich Demirel und Erdal Inönü auf eine Koalition aus DYP und SHP, die achtjährige Machtphase der ANAP war zu Ende.

Die neue Regierung sah sich gleich mehreren offenen Problemen gegenüber. Einerseits galt es, sich der sozialen Schieflage anzunehmen, andererseits harrte die kurdische Frage mehr denn je einer zufriedenstellenden Lösung. Zusätzlich war die Außenpolitik vor neue Aufgaben gestellt, zerfiel doch Ende 1991 die Sowjetunion, wodurch Teilrepubliken wie Aserbaidschan, Turkmenistan oder Kirgistan unabhängig wurden, die schon aus sprachlichen Gründen für die Türkei von besonderem Interesse waren. Schließlich verfolgte auch die neue Regierung das Projekt der europäischen Integration und setzte weiter auf Verhandlungen in Richtung eines Beitritts der Türkei zur Europäischen Gemeinschaft.

Die Eröffnung des neuen Parlaments war von einem Vorfall überschattet, der einmal mehr demonstrierte, dass die kurdische Frage die türkische Innenpolitik in beträchtlichem Ausmaß in Anspruch nahm. Die SHP hatte, um sich neue Wählerschichten erschließen zu können, regional kurdische Kandidaten unterstützt, die sich gleichwohl nach der Wahl als eigene Fraktion formierten. So kam es, dass sieben Abgeordnete die »Arbeitspartei des Volkes« (HEP) repräsentierten. Als nun die kurdische Mandatarin Leyla Zana zum Podium schritt, um ihren Amtseid abzulegen, ging ein unüberhörbares

Raunen durch die Reihen, denn Zana trug ein Haarband in den Farben Gelb, Grün und Rot, den kurdischen Nationalfarben. Als Zana dann nach ihrem Gelöbnis den kurdischen Satz sprach, dieser Eid sei für die »Brüderschaft zwischen türkischem und kurdischem Volk«, da ging ein Sturm der Empörung über ihr nieder. Die Vertreter der anderen Fraktionen trommelten wütend auf ihre Pulte, schrien hysterisch herum und riefen sogar nach der Polizei. Formaljuristisch waren die Empörten dabei nicht einmal im Unrecht, war doch die öffentliche Verwendung der kurdischen Sprache durch die Putschisten anno 1980 erneut verboten worden. Dass Zana gegen dieses Gesetz ausgerechnet in der Volksvertretung der türkischen Nation verstieß, war für viele türkische Nationalisten ein Stoß ins Herz ihres Türkentums.

Es konnte also nicht ausbleiben, dass von staatlicher Seite rasch Ermittlungen aufgenommen wurden, um die HEP als staatsfeindliche Organisation zu verbieten. Die kurdische Partei wurde 1993 wegen Verstoßes gegen die Unteilbarkeit des Staates behördlich aufgelöst, wenig später kassierte man die Mandate von Zana und drei ihrer Fraktionskollegen wegen Verwendung der kurdischen Sprache in der Öffentlichkeit. Ihrer Abgeordnetenimmunität entkleidet, wurden sie unmittelbar nach Verlassen des Parlamentsgebäudes verhaftet und in der Folge zu Haftstrafen zwischen zehn und fünfzehn Jahren verurteilt. Ein Schicksal, das noch viele ihrer Nachfolger ebenfalls treffen sollte.

Die fortwährende Unterdrückung der kurdischen Minderheit trieb viele – vor allem junge – Kurdinnen und Kurden zur PKK, die angesichts der geopolitischen Umstürze ihre Strategie grundlegend gewandelt hatte. Ursprünglich eine marxistisch-leninistisch geprägte Kaderorganisation, erkannte die Führung der PKK nach dem Ende der Sowjetunion, dass sie sich inhaltlich neu ausrichten musste. Anstatt weiter die Errichtung eines proletarischen Sozialismus zu proklamieren, konzentrierte sich die Partei vor allem auf die nationale Befreiung des kurdischen Volkes und wurde damit auch für jene Kreise attraktiv, die der bisherigen Rhetorik nichts hatten abgewinnen können. Vor allem die perspektivlose kurdische Jugend in den Ghettos der Großstädte sah in der PKK plötzlich eine Kraft, mit der sie ihre persönlichen Hoffnungen verknüpfen konnte. Während also bewaffnete Einheiten der PKK in den entlegenen Berggegenden der türkischen Armee das eine oder andere Gefecht lieferten, formierte sich in den Metropolen Istanbul, Ankara und Izmir, aber auch in jenen Städten, die im Kurdengebiet lagen, wie etwa Diyarbakır, Malatya oder Gaziantep eine breite Unterstützerszene, die mit einem Erfolg der PKK einen Ausweg aus ihrer eigenen aussichtslosen Lage erhoffte.

Vor allem jene Kurden bäuerlicher Herkunft, die ohne besondere Schulbildung und zumeist mit schlechten Türkischkenntnissen auf der Suche nach Arbeit in die Städte gekommen waren, litten unter den herrschenden Verhältnissen. Doch auch in den Kurdengebieten selbst sorgten der permanente Ausnahmezustand, die regelmäßigen Razzien durch Armee und Polizei samt extralegaler Einsätze in einem mitunter »schmutzigen« Krieg und die immer mehr eingeschränkten Handelsmöglichkeiten für ökonomische Stagnation und ein fortlaufendes Abgleiten in kollektive Armut. Ab 1993 wurde die unbefriedigende Gesamtsituation noch einmal verschärft, als sich die neue Ministerpräsidentin Tansu Çiller medienwirksam dem »Kampf gegen den kurdischen Separatismus« verschrieb.

Çiller galt als ureigene Erfindung des alten Süleyman Demirel, um seiner DYP im Vorfeld der Wahlen 1991 ein neues Gesicht zu verleihen. Çiller galt zu dieser Zeit als knallharte, clevere und erfolgreiche Businesswoman. Sie hatte zunächst Wirtschaftswissenschaften an der renommierten Bosporus-Universität studiert, ehe sie ihre Ausbildung in Yale vervollkommnete. Zurück in der Türkei wurde sie Universitätsprofessorin und galt als Paradebeispiel für ein modernes Frauenbild. Demirel holte die damals 45-Jährige als Wirtschaftsministerin in sein Kabinett. Als im April 1993 Präsident Özal überraschend einem Herzinfarkt erlag – hartnäckig hält sich die Version, er sei infolge seines Eintretens für eine friedliche Lösung mit der PKK vergiftet worden –, entschloss sich die DYP, ihren Frontmann für das Amt des Staatspräsidenten zu nominieren. Tatsächlich wurde Demirel neunter Präsident der Republik, was die Frage aufwarf, wer ihn als Regierungschef beerben sollte. Die Überraschung war groß, als sich Çiller gegen einige Parteigranden durchsetzen konnte und so den Parteivorsitz und in weiterer Folge das Amt der Regierungschefin übernehmen konnte. Zeitgleich trat übrigens auch Erdal Inönü von der politischen Bühne ab, neuer Chef der SHP und damit Vize-Ministerpräsident wurde der bisherige Bürgermeister von Ankara.

Çiller verstand es, sich medial gekonnt zu inszenieren, wobei sie auf das damals moderne Konzept aus Spindoktoren, Homestorys, Politikberatern und Wahlkampfmanagern zurückgriff. Das Thema, mit dem ihr Umfeld sie »vermarkten« wollte, war jenes der Bekämpfung der Kurden. Çiller umgab sich bevorzugt mit Uniformierten und proklamierte ein ums andere Mal ihre feste Absicht, den »Terror« zu beenden. In der Tat wurden die Schrauben der antikurdischen Restriktionen erneut angezogen. Ganze Dörfer wurden unter permanente Überwachung gestellt, gleichzeitig die erzwungene Assimilierung weiter vertieft. Wer in Çillers Türkei reüssieren wollte, der musste eine mögliche kurdische Herkunft leugnen. Selbst Orte mit eindeutig kurdischer Bevölkerung wurden »türkisiert«, indem sie einen neuen türkischen Namen bekamen, eine Strategie, die auch gegen andere topographische Begriffe angewandt wurde, die etwa einen griechischen oder armenischen Ursprung erkennen ließen. Der erhöhte Druck auf die kurdische Bevölkerung führte der PKK freilich weitere Aktivisten zu, sodass sich der Konflikt vielmehr aufschaukelte, als dass er hätte beendet werden können.

Çiller vertiefte in der Folge ihr Bündnis mit dem Militär und gewann Generalstabschef Güreş für ihre Partei. Mehr noch als die MHP von Türkeş positionierte sich die DYP als Hort türkischer Nationalisten, und folgerichtig ging Çiller mit einem klassischen »Law and Order«-Wahlkampf in den Urnengang von 1995, von dem sie sich die Gelegenheit erhoffte, sich ihrer parteiinternen Widersacher – die im Wortsinn alte Garde Demirels – entledigen zu können. Allerdings wurden im Vorfeld des Wahltags erste Vermutungen laut, Çiller habe von ihrer ökonomischen Politik auch persönlich profitiert. Anschuldigungen, die das unerklärliche Anwachsen ihres Privatvermögens thematisierten, konnte Çiller nicht glaubwürdig entkräften, sodass sie in der Wahlbewegung mehr und mehr in die Defensive geriet.

Allerdings hatten auch ihre härtesten Widersacher keine allzu guten Karten. Yılmaz war als Oppositionsführer farblos geblieben, die SHP, die als kleiner Koalitionspartner viele Maßnahmen mitgetragen hatte, die ihrer eigenen Klientel zum Nachteil gereichten, versuchte diesen Umstand durch eine Fusion mit anderen Kräften, die nun wieder, wie zu Zeiten Atatürks und Inönüs, CHP hieß, vergessen zu machen, und die MHP von Türkeş litt unter der Tatsache, dass ihr Çiller ihr Kernthema abspenstig gemacht hatte.

Somit gab es am Wahltag nur zwei Gewinner. Ecevit legte mit seiner DSP erkennbar zu, da viele ehemalige SHP-Wähler von deren Auftreten in der Regierung enttäuscht waren. Großer Sieger war allerdings Erbakan, dessen Wohlfahrtspartei unerwarteterweise zur stärksten politischen Kraft aufstieg. Die beiden Regierungsparteien hingegen wurden harsch abgestraft. Çillers DYP verlor fast acht Prozent der Stimmen, die CHP schrammte mit 10,7 Prozent knapp daran vorbei, aus dem Parlament zu fliegen. Darüber redete an diesem 24. Dezember 1995 indes kaum wer. Sämtliche Beobachter waren sprachlos über den Triumph der Islamisten.

Der freilich kam nicht von ungefähr. Zum einen bediente man eine verbreitete Stimmung, indem man sich nicht von nationalistisch bzw. islamistisch motivierten Gewalttaten abgrenzte wie etwa dem Brandanschlag von Sivas: Im Juni 1993 kam es dort bei dem Pir-Sultan-Abdal-Festival zu einem Pogrom auf alevitische Kulturschaffende, bei dem 37 Menschen den Tod fanden und Dutzende weitere verletzt wurden. Feuerwehr und Polizei waren erst Stunden später eingeschritten, Innenminister Mehmet Gazioğlu sollte im Nachgang von einer »aufgebrachten Menge« sprechen, die »provoziert« worden sei. Unterdessen sah Erbakan den Grund für den Anschlag in der Art und Weise, wie »eine bestimmte Gruppe« über den »Glauben der Nation« gesprochen habe. Im Prozess gegen die Brandstifter tat sich Sevket Kazan, ein islamistischer Abgeordneter und späterer Justizminister im Kabinett Çiller/Erbakan, als Anwalt hervor. Auch das Gericht plädierte auf Milde, da es in dem Schriftsteller Aziz Nesin, der den Anschlag knapp überlebt hatte, einen »Provokateur« erkannte.

Zum anderen, und weit wichtiger noch für den Wahlerfolg der Wohlfahrtspartei: Wie andere Rechtspopulisten in Europa auch – man denke an Österreichs FPÖ – erkannten die Islamisten in den »Modernisierungsverlierern« eine zahlenmäßig durchaus relevante Klientel, sodass sie sich zum »Anwalt der kleinen Leute« stilisierten. Allerdings ließen Erbakans Gefolgsleute den Worten auch Taten folgen, was ihnen umso leichter fiel, als sie von ihren fundamentalistischen Gönnern reichlich mit Geldern ausgestattet waren. Gekonnt artikulierten die Vertreter der Wohlfahrtspartei die berechtigten Anliegen jener, die durch den gesellschaftlichen Wandel zunehmend ins Abseits geraten waren, und übernahmen damit eine Rolle, die eigentlich der Sozialdemokratie vorbehalten gewesen wäre. Die Islamisten bedienten sich dabei einer markigen Sprache, legten die Finger in die offenen Wunden der gespaltenen Gesellschaft und forderten unverhohlen »die da oben«, das – immer noch als kemalistisch angesehene – Establishment heraus, was bei den Unterprivilegierten schnell auf positives Echo stieß. Die akzentuiert vorgetragene Systemkritik beinhaltete dabei durchaus klassenkämpferische Töne einer klassischen linken Bewegung, bediente aber weit mehr einen rechts konnotierten moralischen Diskurs, in dem Begriffe wie Gerechtigkeit, Rechtschaffenheit und Ehrlichkeit im Mittelpunkt standen und gerechter Lohn für fleißige Arbeit sowie Respekt für tugendhaftes Verhalten eingefordert wurden. Das vermeintlich entschlossene Eintreten für sozial Schwache, für jene also, die politisch übersehen wurden und vom angehäuften Reichtum der Nation in keiner Weise profitierten, wurde mit schonungsloser Kritik an einer zynischen und korrupten Machtelite verbunden, die ihre Herrschaft auf Lug und Trug gebaut habe. Dass viele Repräsentanten der Wohlfahrtspartei, unter anderem Erbakan selbst, durchaus ebenfalls reich waren – und dieser Reichtum gleichfalls eher fragwürdigen Hintergrund hatte –, störte die Gefolgschaft Erbakans ebensowenig wie etwa jene, die einem Jörg Haider oder später einem Donald Trump folgten. Vielmehr schienen die »Erfolgsgeschichten« eines Erbakan oder auch eines Erdoğan den Anhängern der Wohlfahrtspartei als eine Garantie für die Möglichkeit, es selbst auch zu etwas zu bringen. Bestärkt wurden sie in dieser Sichtweise dadurch, dass die Wohlfahrtspartei ungeniert sozialdemokratische Fahnenwörter wie Gleichheit oder Solidarität verwendete, mit denen erklärtermaßen der ungezügelten Gier einer Kaste westlich orientierter Kapitalisten Einhalt geboten werden sollte. Und vordergründig schien Solidarität auch keine leere Phrase seitens der Islamisten zu sein, da sie ihren Anhängern tatsächlich eine helfende Hand reichten. Die Wohlfahrtspartei hatte ein breites Netz freiwilliger Mitarbeiter aufgebaut, die beständig den Kontakt mit den Wählern suchten. Sie gingen auch abseits der Wahlkampagnen von Tür zu Tür, erkundigten sich nach den jeweiligen Bedürfnissen der Betroffenen und boten individuelle Lösungen für deren Probleme an. Familien erhielten Stipendien, damit ihre Kinder eine bessere Ausbildung bekamen, Arbeitslose erhielten in einer der Wohlfahrtspartei nahestehenden Einrichtung einen neuen Arbeitsplatz, Familien wurde bei der Kinderbetreuung durch kostenlose Horte geholfen – kurz: viele Menschen erfuhren erstmals in ihrem Leben konkrete Hilfe, wofür sie sich an der Urne erkenntlich zeigten. Die Islamisten gründeten sogar eigene Frauenkomitees, die auf dem Wege von Teekränzchen Hausfrauen besuchten und diesen so den Eindruck vermittelten, sie würden von der Wohlfahrtspartei besonders beachtet, was umso mehr Wirkung entfaltete, als die Frauen von den anderen Parteien tatsächlich konsequent ignoriert worden waren. Und da die Islamisten von einer muslimischen Gemeinschaft, der *umma*, ausgingen, war es auch ohne Belang, ob ein Gläubiger Kurde war. Wichtig war nur sein religiöses Bekenntnis, sodass Erbakans Partei selbst für traditionell denkende Angehörige der größten Minderheit im Lande an Attraktivität gewann, zumal das entsprechende Narrativ für den Einzelnen einiges versprach. In entschlossener Ablehnung eines schrankenlosen Kapitalismus einer- und eines gleichmacherischen Sozialismus andererseits sollte die – natürlich islamische –

Volksgemeinschaft sich gegenseitig helfen, um so eine gerechte Gesellschaft abseits westlicher Plutokratie zu erbauen. Die Zukunft der Türkei liege nicht in einer Unterwerfung unter westliche Standards, sondern in einer Renaissance alter Herrlichkeit, sei das Land doch dazu berufen, unter den islamischen Nationen wieder jene Führungsrolle einzunehmen, die sie schon zu Zeiten des Osmanischen Reiches innegehabt hatte. Mit solchen Parolen konnten sich auch jene abgeholt fühlen, die alleine niemals einen sozialen Aufstieg ins Werk setzen konnten.

Wenig verwunderlich also, dass die Strategie der Wohlfahrtspartei rasch Früchte trug. Der nationale Wahlsieg war mithin eine unmittelbare Folge der konkreten Politik der Partei, die sich zur Verbreitung ihrer Inhalte überdies der modernen Medien bedient hatte. Fernsehspots, eigene Radioformate und großflächige Zeitungsinserate begleiteten die individuelle Arbeit an der Basis, eine Taktik, mit der keine der anderen Parteien mithalten konnte.

Diese waren angesichts des Aufstiegs der Islamisten allerdings gefordert. Um die Wohlfahrtspartei von der Macht fernzuhalten, rauften sich die säkularen Kräfte ungeachtet ihrer persönlichen Animositäten vor allem auch auf Druck des Militärs zu einem – allseits ungeliebten – Bündnis zusammen. Yılmaz und Çiller, die sich im Wahlkampf noch wüst beflegelt hatten, wurden in eine Koalition gezwungen, in welcher der Regierungsvorsitz rotieren sollte. Zunächst wurde Yılmaz zum zweiten Mal Ministerpräsident.

Gelang damit eine vordergründige Beruhigung säkularer Kreise, so wusste das Establishment gleichwohl, dass ihre Politik nicht umhinkam, den Islamisten das Wasser abgraben zu müssen. Einerseits versuchte man dem Trend zum Islamismus durch die Schaffung von Arbeitsplätzen im Amt für religiöse Angelegenheiten und in einem neuen religiösen Schulwesen

Rechnung zu tragen, andererseits war man auf der Suche nach einer – kontrollierbaren – Konkurrenz zum Islamismus der Wohlfahrtspartei. Diese sollte nicht nur letzterer ideologisch Paroli bieten, sondern auch einen Islam propagieren, der mit den Voraussetzungen der kapitalistischen Marktwirtschaft in Einklang zu bringen war. Man fand diesen Gegenpol in Fethullah Gülen, der seit den 70er Jahren ein islamisches Bildungs- und Medienimperium aufgebaut hatte, das mit der Zeit weit über die Türkei hinausreichte. Gülen betrieb eigene Schulen und Fernsehkanäle, war der Moderne sichtlich aufgeschlossen und erkannte keinen Widerspruch zwischen islamischer Grundhaltung und westlichen Standards wie Lebensstil oder Technologienutzung. Damit war er für die Wirtschaftselite der Türkei der geeignete Mann, ihn gegen Erbakan, Erdoğan und Konsorten in Stellung zu bringen. Der Konflikt zwischen Gülen und Erdoğan rund um den angeblichen Putschversuch anno 2016 war mithin keineswegs, wie in vielen westlichen Medien dargestellt, die Entzweiung zweier ehedem Verbündeter, sondern das – vorläufige – Finale einer jahrzehntelangen Rivalität unterschiedlicher Ideologien.

Vorerst schien man die Gefahr einer Regierungsübernahme Erbakans also abgewendet und auch eine probate Strategie gefunden zu haben, diese auch künftig hintanhalten zu können. Dennoch war klar ersichtlich, dass Yılmaz und Çiller nicht miteinander wollten und konnten. Çiller versuchte sich einmal mehr als nationale Hardlinerin zu profilieren, als zwischen der Türkei und Griechenland ein Streit um die unbewohnte Ägäis-Insel Imia (türk.: Kardak) ausbrach, welche die Türkei für sich beanspruchte. In ihrem Schlagabtausch mit Griechenlands Premier Kostas Simitis überging Çiller mehrmals Regierungschef Yılmaz, was dessen feindselige Einstellung gegenüber seiner Koalitionspartnerin naturgemäß nicht gerade besänftigte.

So war denn auch seine Bereitschaft, Çiller gegen die immer lauter werdenden Korruptionsvorwürfe in Schutz zu nehmen, endenwollend. Als Erbakan im Parlament den Antrag auf Einsetzung eines Untersuchungsausschusses in der Causa Çiller einbrachte, stimmte die Partei von Yılmaz diesem Antrag zu, was von Çillers DYP als Verrat gewertet wurde. Keine vier Monate nach Amtsantritt war die zweite Ministerpräsidentschaft von Mesut Yılmaz bereits wieder zu Ende, denn die DYP kündigte die Koalition auf.

Und sie tat dies mit einem Switch, den kein politischer Beobachter je vermutet hätte. Während die alte Koalition noch in den letzten Zügen lag, verhandelte Çiller ungeachtet aller im Wahlkampf zum Ausdruck gebrachten Gegnerschaft zum Islamismus mit Erbakan, den sie vor dem Urnengang regelrecht dämonisiert hatte, über die Bildung einer Regierung aus DYP und Wohlfahrtspartei. Tatsächlich wurde der 70-jährige Erbakan im Juni 1996 neuer Ministerpräsident, Çiller trat als dessen Stellvertreterin und Außenministerin an seine Seite.

Doch was nach dem ultimativen Triumph für Necmettin Erbakan und die Rettung von Tansu Çiller vor juristischer Verfolgung aussah, war in Wahrheit für beide Seiten ein Pyrrhussieg. Und konnte Çiller wenigstens darauf verweisen, in der neuen Regierung sämtliche Schlüsselministerien eingenommen zu haben, so konnte Erbakan, der im Zuge der politischen Übereinkunft mit der DYP auch sämtliche Korruptionsvorwürfe gegen Çiller fallen lassen und den Antrag auf Einsetzung einer Untersuchungskommission zurückziehen musste, kaum mehr für sich verbuchen, als die Islamisierung vorangetrieben zu haben wie kein Ministerpräsident seit Menderes.

Als solcher freilich versuchte er, Nägel mit Köpfen zu machen. Erbakan begann ein umfangreiches Besuchsprogramm in andere islamisch geprägte Länder, mit denen er eine politische und wirtschaftliche Kooperation suchte. Vollmundig proklamierte er, nach dem Vorbild der »G8«, die Gründung der »D8« (»Developing 8 Countries«), einer Organisation der acht potentesten Volkswirtschaften mit mehrheitlich muslimischer Bevölkerung, doch blieb Erbakans Vision eines autarken islamischen Wirtschaftsraums weitgehend Wunschdenken. Mehr noch, Erbakans Pläne stießen bei den potentiellen Mitgliedsländern auf wenig Gegenliebe. So empfing etwa Ägyptens Präsident Mubarak Erbakan erst gar nicht, da er diesem dessen Beziehungen zur in Ägypten verbotenen Muslimbruderschaft nicht verzieh, während sich Libyens Ghaddafi darauf beschränkte, Erbakan vor Medienvertretern wegen seiner Kurdenpolitik zu tadeln.

Des Ungemachs nicht genug, erschütterte kurz darauf ein Autounfall in der Kleinstadt Susurluk die türkische Innenpolitik. In dem Wagen verunglückten der stellvertretende Polizeipräsident von Istanbul, ein ranghohes Mitglied der »Grauen Wölfe«, der zugleich als Auftragsmörder gesucht worden war, sowie dessen Geliebte tödlich. Schwerverletzt überlebte ein Abgeordneter der DYP. Im Auto wurden unter anderem gefälschte Pässe, Drogen und Waffen gefunden. Das warf denn doch einige Fragen auf, zumal sich im Zuge der Untersuchungen die Papiere als tatsächlich von den Behörden ausgestellt entpuppten. Dieses Ereignis warf ein bezeichnendes Licht auf die dubiosen Methoden und Verflechtungen der türkischen Führungszirkel und nährte erneut die Diskussion um einen »tiefen Staat«. Für entsprechende öffentliche Empörung war schnell gesorgt: Es bildete sich eine kritische Zivilgesellschaft heraus, die unter dem Slogan »Eine Minute Dunkelheit für eine hellere Türkei« aus Protest jeden Abend für eine Minute das Licht abschaltete, um in diesem Zeitraum lautstark mit Schlüsseln, Geschirr oder sonstigen Gegenständen Lärm zu machen. Die Regierung begriff den Ernst ihrer Lage nicht und versuchte, die Aktion herunterzuspielen und sogar verächtlich zu machen. So kommentierte der Justizminister das Verhalten der Öffentlichkeit launig mit der Formulierung »Kerzen aus«, mit dem strenggläubige Moslems Kritik an den Aleviten üben, das aber auch eine obszöne Nebenbedeutung aufweist.

Wiewohl die Wohlfahrtspartei gar nicht in die in der Kritik stehenden Machenschaften involviert gewesen war, lastete man ihr nun als Regierungspartei eine Mitverantwortung an, die am Saubermannimage der Islamisten kratzte. Erbakan versuchte durch betont scharfe Rhetorik wieder aus der Defensive zu gelangen, indem er öffentlich darüber nachdachte, die Hagia Sophia wieder in eine Moschee umzuwandeln und das Kopftuch im öffentlichen Raum zuzulassen. Damit ermutigte er seine Mitstreiter in der zweiten Reihe, noch deutlicher zu werden, womit er alsbald den Bogen überspannte.

Als am 31. Januar 1997 in der Stadt Sincan eine lokale Gliederung der Wohlfahrtspartei die Eroberung Jerusalems durch Hamas- und Hisbollahkämpfer herbeizubeten suchte und bei dieser Gelegenheit den iranischen Botschafter eine aufreizende Rede halten ließ, rückte nahe Ankara erstmals seit über 16 Jahren wieder die Armee aus. Sie bekundete, dass der politische Islam im Land einen Grad erreicht habe, der eine Gefahr für den kemalistischen Staat und die nationale Sicherheit darstelle. Medienwirksam wurde der Regierung ein 18-Punkte-Plan übermittelt, der sicherstellen sollte, islamische Einrichtungen bzw. Symbole aus dem öffentlichen Raum zu verbannen. Das Kopftuch war dabei ebenso Thema wie die religiösen Privatschulen. Vom Kabinett Erbakan verlangte der nationale Armeerat die strikte Einhaltung der kemalistischen Prinzipien und eine nachhaltige Korrektur seines bisherigen

Kurses. In der Folge sollte oftmals von einem »sanften« oder »kalten« Putsch die Rede sein.

Erbakan versuchte, die kaum verhüllte Drohung zu ignorieren und machte auf »business as usual«. Dabei unterschätzte er jedoch den Unmut, der sich in den säkularen Teilen der Bevölkerung gegen ihn und seine Partei aufgestaut hatte. Abseits der islamischen Zentren schlug Erbakan entschlossener Widerstand entgegen. Er wurde in Fußballstadien ebenso gnadenlos ausgebuht wie in Einkaufszentren oder bei öffentlichen Anlässen. Parallel dazu brachte die Staatsanwaltschaft beim Verfassungsgerichtshof einen Antrag auf Verbot der Wohlfahrtspartei ein, da deren Tätigkeit verfassungswidriger Natur sei. Nun begann auch in der DYP die Unterstützung der Koalition rasch zu bröckeln. Çiller, der juristische Verfolgung im Falle einer Beendigung ihrer politischen Immunität drohte, versuchte verzweifelt, das Bündnis zu retten, indem sie Erbakan vorschlug, die Regierung mit ihr selbst als Ministerpräsidentin fortzusetzen, ein Ansinnen, das von der Wohlfahrtspartei brüsk zurückgewiesen wurde.

Çillers letzte Hoffnung war nun Staatspräsident Demirel, ihr ehemaliger Ziehvater, den sie um die Erteilung eines Auftrags zur Bildung einer neuen Regierung bat. Demirel aber ließ seinen ehemaligen Protegé fallen und erteilte den Regierungsauftrag stattdessen an Mesut Yılmaz, der damit ein Jahr nach seinem Sturz ein drittes Mal Regierungschef wurde. Er bildete mit Ecevits DSP eine Koalition, die im Parlament allerdings auf die Duldung durch die CHP angewiesen war.

Die Justiz griff in der Folge hart gegen die Islamisten durch. Die Wohlfahrtspartei wurde im Januar 1998 vom Verfassungsgerichtshof endgültig verboten, Erbakan mit einem Verbot politischer Betätigung belegt. Noch härter traf es den Bürgermeister von Istanbul, Recep Tayyip Erdoğan, der zu zehn Monaten Haft wegen Volksverhetzung verurteilt wurde. Tatsächlich hatte sich Erdoğan dazu hinreißen lassen, bei einer Rede in Diyarbakır zu verkünden, die Moscheen seien die Kasernen, deren Minarette die Speere, deren Kuppeln die Helme und deren Gläubige die Armee der Wohlfahrtspartei. Gegen diese aufmunitionierte Rhetorik ergriff die neue Regierung konkrete Maßnahmen, indem sie etwa Minderjährigen den Besuch von Korankursen verbot und die Schulpflicht auf acht Jahre anhob, womit die religiösen Privatschulen ins Hintertreffen geraten sollten, da diese maximal fünf Jahre Unterricht anbieten durften.

Die Zurückdrängung des Islam aus dem öffentlichen Raum stieß aber auch bei den Anhängern der Mutterlandspartei durchaus nicht auf ungeteilten Zuspruch. Und während Yılmaz noch damit beschäftigt war, den scheinbaren Erklärungsbedarf in seiner Partei zu decken, tauchten auch im Zusammenhang mit der ANAP Korruptionsvorwürfe auf, die zum Inhalt hatten, dass Verantwortliche der Partei bei diversen Privatisierungen die Hand aufgehalten hatten. Die CHP zog daraufhin ihre Unterstützung des Kabinetts zurück, und im November 1998 war Yılmaz zum dritten Mal am Ende. Die Nationalversammlung beschloss ihre vorzeitige Auflösung. Wahlen im kommenden Frühjahr sollten eine Klärung bringen. Bis dahin übernahm interimistisch Bülent Ecevit das Amt des Ministerpräsidenten. Er hatte kaum sein Büro bezogen, als die Meldung über die Fernschreiber tickerte, Abdullah Öcalan, der von der Türkei gesuchte Anführer der PKK, sei in Italien festgenommen worden. Allerdings weigerten sich die Italiener, Öcalan an die Türkei auszuliefern, da sie wohl mit Recht davon ausgingen, dass dieser dort kein faires Verfahren bekommen würde. Schließlich durfte er Italien verlassen und tauchte unter. In einer konzertierten Geheimdienstoperation, bei der die Türkei von US-Amerikanern und Israelis angeleitet wurden, gelang es jedoch, Öcalan in Kenia aufzuspüren und von dort in die Türkei zu bringen. Damit hatte Ecevit einen Wahlkampfschlager, der die DSP am Wahltag mit rund 22 Prozent auf Platz 1 hievte. Platz 2 ging an die MHP, die mit 18 Prozent kurz nach dem Tod ihres langjährigen Anführers Türkeş ihren größten Erfolg feiern konnte. Die als Ersatz für die verbotene Wohlfahrtspartei gegründete »Tugendpartei« kam immerhin auf 15 Prozent der Stimmen, unter den gegebenen Umständen durchaus ein Erfolg für das islamistische Lager. Die beiden bürgerlichen Parteien ANAP und DYP fuhren herbe Verluste ein und zogen mit 13 bzw. 12 Prozent gerade noch ins Parlament ein, während die CHP, einst allmächtige Staatspartei, mit 8,7 Prozent der Stimmen ruhmlos aus der Volksvertretung gewählt wurde.

Bei der Eröffnung der neuen Gesetzgebungsperiode sorgte wieder eine Frau, diesmal eine Abgeordnete der Tugendpartei, für einen Eklat. Sie betrat den Plenarsaal mit dem verbotenen Kopftuch als Symbol des politischen Islam. Während die übrigen islamistischen Abgeordnete frenetisch applaudierten, reagierten die säkularen Volksvertreter empört. Regierungschef Ecevit erhob sich von seinem Platz und erklärte, in diesem Land mische sich niemand in die Art der Kleidung einer Frau in deren Privatleben ein. Allerdings sei das Parlament kein privater Ort, sondern vielmehr die »erhabenste Institution« des Staates. Jene, die hier ihren Dienst am Volk verrichteten, seien daher zur Einhaltung der Regeln und Traditionen verpflichtet: »Dies ist nicht der Platz, den Staat herauszufordern«, rief Ecevit, um den Parlamentspräsidenten sodann aufzufordern, die Dame in ihre Schranken zu weisen.

Die ganze Angelegenheit nahm schließlich eine ironische Wendung, als sich herausstellte, dass es sich bei der Frau um eine US-amerikanische Staatsbürgerin handelte, woraus folgte, dass es an der erforderlichen Voraussetzung fehlte, überhaupt in ein öffentliches Amt gewählt zu werden. Dementsprechend wurde ihr das Mandat aberkannt, ohne dass sie weitere politische Tätigkeit hätte entfalten können.

Um seine Amtszeit fortsetzen zu können, war Ecevit darauf angewiesen, eine Koalition zu bilden, die über eine entsprechende Mehrheit verfügte. Ecevit holte daraufhin die MHP mit ins Boot, was seiner eigenen Gefolgschaft einiges an Überwindung abnötigte, da der bewaffnete Arm der MHP, die »Grauen Wölfe«, 20 Jahre zuvor nicht nur einmal gewalttätig gegen die Repräsentanten der DSP vorgegangen waren.

Doch ungeachtet ihres Namens war die DSP keine genuine Linkspartei. Ecevit selbst hatte sich kaum je als Sozialdemokrat – geschweige denn als Sozialist – gesehen und vertrat das gleiche nationalistische Weltbild wie die Anhänger der MHP, das er im Gegensatz zu diesen ein wenig sozial ausgewogener sehen wollte, freilich ohne dabei zu konkretisieren, wie diese soziale Balance aussehen sollte.

Nach außen hin war das neue Kabinett buchstäblich die x-te Regierung, die mit der Losung antrat, sie wolle die Türkei reformieren und modernisieren. Dabei hatten diese Schlagworte längst ihre ursprünglich positive Konnotation verloren. Reform, so wussten die leidgeplagten Stimmbürger, bedeutete nichts Gutes. Tatsächlich ging Ecevit daran, den Forderungskatalog der EU abzuarbeiten, den diese als Vorbedingung für Beitrittsverhandlungen übermittelt hatte. Im Dezember 1999 erhielt die Türkei formell Kandidatenstatus – und zeitgleich den Auftrag, den EU-Rechtsbestand vorab in die türkische Verfassung zu implementieren. Tatsächlich ließ die Regierung bis 2001 rund drei Dutzend Verfassungsartikel ändern, wobei vor allem die Abschaffung der Todesstrafe herausstach, eine Maßnahme, von der zuallererst Abdullah Öcalan profitierte, der in seinem Prozess ursprünglich zum Tod verurteilt worden war und seit 1999 – auf der Gefängnisinsel Imralı inhaftiert ist, wobei er die ersten Jahre in strikter Isolation gehalten wurde und jahrelang keinen Besuch empfangen durfte. Der Europäische Gerichtshof für Menschenrechte kritisierte sowohl das Gerichtsverfahren als unfair als auch die Haftbedingungen als inhuman, gleichwohl blieb eine entsprechende Reaktion der Türkei auf diese Vorhaltungen aus.

Als im Jahr 2000 die Amtszeit von Süleyman Demirel als Staatspräsident endete, einigten sich die Parteien auf den Präsidenten des Verfassungsgerichtshofs, Ahmet Necdet Sezer, als neues Staatsoberhaupt. Der ging bald mit Ecevit in den Clinch, da er dem Ministerpräsidenten zu laxen Umgang mit den ökonomischen Problemen des Landes vorwarf. In der Tat schlitterten zu Beginn des neuen Jahrtausends etliche türkische Banken in eine veritable Krise, da sie durch eine überaus riskante Geschäftspraxis ihre eigenen Möglichkeiten überreizt hatten. Die unmittelbare Folge auf dieses Faktum war ein Fall der türkischen Lira ins nahezu Bodenlose. Binnen weniger Tage verlor sie rund 40 Prozent ihres Wertes, die Wirtschaft schrumpfte, die exponiertesten Geldinstitute kollabierten, und etliche, von diesen Banken abhängige Unternehmen gingen in Konkurs, was ein sprunghaftes Ansteigen der Arbeitslosigkeit bewirkte. Der allgemeine Kaufkraftverlust war enorm, und Ecevit musste zum IWF pilgern, um einen Staatsbankrott der Türkei zu vermeiden.

Zwar bewilligte der Fonds entsprechende Gelder, doch waren diese an eindeutige Maßnahmen zur sofortigen Senkung der Schuldenlast geknüpft, was einen neuerlichen sozialen Kahlschlag bedingte. Ecevit selbst konnte oder wollte sich diesem Kurs nicht in den Weg stellen, wobei er spätestens ab Ende 2001 mehr und mehr durch Krankheit handlungsunfähig wurde. Er hütete immer öfter das Bett, wo er ohnmächtig mitansehen musste, wie sich seine potentiellen Nachfolger gegenseitig blockierten. Schließlich traten mehrere prominente Repräsentanten der DSP aus ihrer Partei aus und gründeten eine eigene Bewegung, mit der sie bei vorzeitigen Neuwahlen antreten wollten. Dieser Urnengang wurde von allen politischen Lagern nachgerade herbeigesehnt, sodass sich letztlich nur Ecevits DSP dagegen sperrte. Erwartungsgemäß wurde sie in der Nationalversammlung überstimmt, und so setzte man für den November 2002 einen Wahltag fest.

Der glich dann in jeder Hinsicht einem politischen Erdbeben. Keiner einzigen der fünf bislang im Hohen Haus vertretenen Fraktionen gelang der Wiedereinzug in die Nationalversammlung, wobei die Abstrafung der einzelnen Parteien beachtlich war. Die DSP verlor 21 Prozent gegenüber der Wahl 1999 und wurde gerade noch von 1,2 Prozent der Wählerschaft favorisiert. Nicht ganz so hoch, aber dennoch dramatisch, verloren ANAP und MHP, die beide hinsichtlich der Zustimmung mehr als halbiert wurden. Aber auch für die DYP gab es keine Zukunft mehr. Çillers Partei verlor zwar nur zwei Prozent, doch mit 9,6 Prozent scheiterte auch sie an der Zehnprozenthürde. Erstmals seit 1950 sollte die Nationalversammlung nur noch zwei Fraktionen beherbergen: die CHP feierte mit 19,4 Prozent ein recht eindrucksvolles Comeback, der eigentliche Triumphator war mit gut 34,3 Prozent allerdings die neu anstelle der Tugendpartei gegründete Partei für Gerechtigkeit und Entwicklung (AKP), die unter der Führung des ehemaligen Istanbuler Bürgermeisters Recep Tayyip Erdoğan stand. Damit hatten die Wähler unmissverständlich mit dem politischen System der 90er Jahre abgerechnet und buchstäblich jeden Politiker – ob Yılmaz oder Çiller, Ecevit oder Türkeş' Nachfolger – in die Wüste geschickt.

Erdoğan und sein enger Mitstreiter Abdullah Gül hingegen hatten es verstanden, sich als völlig neue Gesichter zu präsentieren, wiewohl sie beide schon in der Wohlfahrts- und dann in der Tugendpartei (die 2001 ebenfalls vom Verfassungsgericht verboten worden war) aktiv gewesen waren. Ob ihrer Herkunft aus der Arbeiterschaft konnten sie sich glaubwürdig als außerhalb des politischen Establishments stehend präsentieren und betonten die Abkehr von einem engstirnig dogmatischen Islam hin zu einem, wie sie es nannten, werteorientierten demokratischen Grundkonsens, in dem die Religion eine, aber eben nicht die einzige Rolle spielen sollte. Erdoğan vermarktete seine AKP als eine Art Graswurzelbewegung und verbarg dabei gekonnt die Tatsache, dass es sich bei der AKP schon zu diesem frühen Zeitpunkt um eine Führerpartei handelte, in der Kritik an Erdoğan nicht vorgesehen war.

7.
Der Aufstieg der AKP

Zunächst konnte Erdoğan seinen Sieg nicht vollständig auskosten, denn er war immer noch mit einem Politikverbot belegt. Sein engster Mitstreiter, Abdullah Gül, übernahm interimistisch das Amt des Ministerpräsidenten und erwirkte umgehend eine gesetzliche Aufhebung des Verbots. Als es dann in der Provinz Siirt eine Nachwahl gab, konnte Erdoğan antreten und wurde prompt gewählt. Im März 2003 wählte die Nationalversammlung den AKP-Vorsitzenden zum Regierungschef, Gül wechselte auf das Amt des Außenministers.

Von der säkularen Opposition unerwartet, warf sich Erdoğan mit ungeahnter Energie auf das Europathema. Kaum im Amt, begann er eine Vorstellungstour durch Europas Hauptstädte und warb dabei eifrig für eine Aufnahme der Türkei in die EU. Zu Hause arbeitete er die europäische Agenda ambitioniert ab, was für die AKP den angenehmen Nebeneffekt hatte, sich vermehrt des Einflusses der Armee entziehen zu können. So wurden etwa der Nationale Hochschulrat (YÖK) und vor allem der Nationale Sicherheitsrat (MGK) nicht aufgelöst, aber personell umgestaltet, wobei letzteres Gremium dem Generalstab entzogen und dem Regierungschef zugeordnet wurde. Engagiert erarbeitete die AKP-Regierung eine neue Strafprozessordnung, reformierte den türkischen Rechtsbestand mit Blick auf EU-Standards und verbesserte spürbar die Lage von Strafgefangenen. Zudem startete die Regierung eine neue Infrastrukturoffensive, in deren Zuge zahlreiche Straßen erneuert bzw. ausgebaut und die Elektrizitätsversorgung landesweit verbessert wurde. Computer und Internet hielten auch in die entlegensten Gegenden Einzug. Insbesondere der Bausektor erfuhr einen ungeahnten Boom, wobei die Aufträge meist an AKP-nahe Firmen gingen und notwendige Qualitätsstandards in potentiellen Erdbebengebieten vielfach ignoriert wurden.

Gezielt förderte die AKP das Kleingewerbetum und begünstigte Start-ups und Unternehmen in strukturschwachen Regionen, womit dort neue Arbeitsplätze geschaffen wurden. All diese Maßnahmen ließen die Opposition ratlos zurück, die nicht nur von der Agenda als solcher, sondern auch vom Reformtempo überrascht wurden. Und da sich auch die CHP und andere gesellschaftlich relevante Kräfte die europäische Integration auf die Fahnen geschrieben hatten, blieb ihnen nichts anderes übrig, als den Kurs der Regierung mitzutragen. Sie mussten anerkennen, dass die AKP das Land liberaler und weltoffener zu machen schien, dass die Partei verkrustete Strukturen aufbrach und autoritäre Züge in der Verfassung und im politischen Alltag zurückdrängte. Anders als Erbakan und sein engster Kreis erschienen Erdoğan, Gül, Davutoğlu und andere als moderne Pragmatiker, die tatsächlich den Wunsch hatten, das Land vorwärtszubringen.

Ganz in diesem Sinne schuf die AKP die Grundlagen für eine Liberalisierung der öffentlichen Debatte, indem die Rede- und Versammlungsfreiheit ebenso wie das Streikrecht garantiert wurde. Auch der kurdischen Minderheit wurden, insbesondere ab Ende der 2000er Jahre mehr Rechte zugestanden als zuvor. Alles Schritte, die unter den säkularen Parteien undenkbar gewesen waren. Obwohl noch einige zentrale Fragen offenblieben, so etwa die Gleichberechtigung religiöser

Minderheiten wie der Aleviten oder Christen türkischer Nationalität, die anders als Griechen oder Armenier keinen staatlichen Schutz genießen, beschloss die EU dennoch, die türkischen Bemühungen zu würdigen und stellte für 2005 den formellen Beginn von Beitrittsverhandlungen in Aussicht.

Doch unmittelbar vor dem avisierten Termin begannen einige EU-Staaten Bedenken zu äußern. Österreich machte den Vorreiter und setzte sich dafür ein, der Türkei eine Alternative zu einer Mitgliedschaft anzubieten. Dänemark wiederum sorgte sich, ob die EU die Aufnahme der Türkei politisch und ökonomisch verkraften könne, und Abgeordnete der deutschen CDU stießen sich an dem Faktum, dass in die – in ihren Augen christliche – Union ein islamischer Staat inkorporiert werden solle, was Deutschlands Finanzminister Schäuble mit dem Diktum »Die Türkei ist nicht mehr Europa« auf den Punkt brachte. Schließlich wurden die vorgebrachten Bedenken jedoch überwunden, wobei allerdings festgehalten wurde, dass es nach dem Ende der Verhandlungen eine Evaluierung geben solle. Erschreckend für die Türkei war dabei ein Teil der Formulierung dieser Absicht, hieß es doch »am Ende der Beitrittsverhandlungen, nach zehn bis fünfzehn Jahren«. Solch harsche Bedingungen hatte noch kein einziger Beitrittsbewerber jemals gestellt bekommen.

Immerhin aber hatte die Perspektive, Mitglied der Europäischen Union zu werden, für einen ungeahnten wirtschaftlichen Aufschwung gesorgt. Die Türkei verzeichnete jährliche Wachstumsraten zwischen fünf und sieben Prozent, vor allem ausländische Firmen investierten eifrig in die türkische Wirtschaft. Allerdings sollte sich rasch zeigen, dass der Boom teuer erkauft war. Da er primär auf Import aufbaute, wuchs die internationale Verschuldung des Landes bedrohlich an, das Leistungsbilanzdefizit war bald eklatant. Vor allem aber profitierten die Beschäftigten kaum von dieser Entwicklung, stiegen die Reallöhne in den zehn Jahren bis Ende 2012 durchschnittlich doch nur um 0,1 Prozent, auch bei den Mindestlohnempfängern, die rund ein Drittel aller Werktätigen ausmachten, blieben die Gehaltsanpassungen weit unter dem durchschnittlichen Anwachsen des BIP. Dazu kamen bis zu drei Millionen Arbeiter, die unangemeldet – also ohne Sozial- und Krankenversicherung – beschäftigt wurden und daher überhaupt nicht in den Genuss der ökonomischen Hausse kamen.

Zudem zeigten sich alsbald die Schattenseiten dieser Entwicklung. Internationale Konzerne investierten gezielt in touristische Hotspots, wo mit der »Entwicklung von Immobilien« rasch großes Geld zu machen war. Städte wie Antalya oder Izmir erlebten eine zunehmende Umwandlung ihrer Struktur, mit dem Effekt, dass sich viele Einheimische danach keine Bleibe mehr leisten konnten. Am extremsten zeigte sich diese Tendenz in Istanbul, dessen Einwohnerschaft sich von 1970 bis Anfang der 2000er Jahre etwa vervierfacht hatte, um sich seitdem abermals fast zu verdoppeln.

Die ausländischen Investoren erkannten das »Potential« der Bosporus-Metropole und gingen gezielt daran, ganze Stadtviertel zu gentrifizieren. Traurige Berühmtheit erlangte dabei Tarlabaşı, das noch bis in die 90er Jahre des 20. Jahrhunderts als kostengünstig, bunt, lebensfroh und kulturaffin gelten konnte. Hier wohnten immer noch Griechen, dazu Armenier, Kurden, Gitanos, Juden und türkische Arbeiter friedlich zusammen, die alte Bausubstanz hatte einen speziellen Charme, und in den Cafés, Bars und Nachtklubs kamen die Menschen zusammen. Angesichts der versammelten Armut verfielen viele der einst durchaus ansprechenden Gebäude, und die Stadtverwaltung begann sich des »Townships« zu schämen. Unter dem 1984 bis 1989 amtierenden bürgerlichen Bürgermeister Bedrettin Dalan wurde der extrem breite und heftig befahrene Tarlabaşı Boulevard errichtet, mit dem das Multikulti-Viertel von der noblen Geschäftsgegend um die Istiklal Caddesi geschieden wurde. Die Tarlabaşı-Community war damit endgültig eine Welt für sich.

Bis dort in den 2000er Jahren die größte Gentrifizierungsaktion in ganz Istanbul gestartet wurde. Eigene Entwicklungsgesellschaften kauften die pittoresken osmanischen Häuser auf, planierten sie und errichteten an deren Stelle Luxusapartments, die an ausländische Anleger verscherbelt wurden. Dazu wurde gerade die malerische Vergangenheit des Stadtteils touristisch vermarktet. Zahlreiche Hotels und bald auch Airbnb-Unterkünfte warben mit jener kulturellen Vielfalt, die durch die Gentrifizierung eben erst beendet worden war.

Während also ausländische Entwickler und einheimische Billiglohnproduzenten kräftig von der Wirtschaftspolitik der AKP profitierten, stiegen die Lebenshaltungskosten für unselbständig Erwerbstätige drastisch an, was alsbald zu einer beträchtlichen Verschuldung der Privathaushalte führte. Allein zwischen 2004 und 2014 sollte sich die private Schuldenlast verfünffachen, wobei sich zeigte, dass die Menschen nicht länger Kredite für Luxusgüter wie Kraftfahrzeuge oder Boote aufnahmen, sondern zunehmend Schulden machten, um sich ihre Wohnungen leisten zu können. Zynischerweise profitierte die AKP von dieser Entwicklung neuerlich, da viele Betroffene, um die teils horrenden Zinsen der herkömmlichen Banken zu vermeiden, zu islamischen Kreditinstituten pilgerten, denen das Erheben von Zinsen aus religiösen Motiven verboten ist – auch wenn dafür meist anderweitige Gebühren anfallen. Die Repräsentanten der AKP konnten sich somit sogar noch als Wohltäter präsentieren, wiewohl die kapitalfreundliche Fiskalpolitik ihrer Partei für eine extrem ungerechte Verteilung der erwirtschafteten Reichtümer sorgte. Was freilich auch zunehmende Schwankungen der türkischen Volkswirtschaft bedingte, da das ökonomische Modell der AKP nur funktionieren konnte, solange es keinen Wirtschaftseinbruch gab. Das sollte sich vor allem ab 2014 zeigen, als die stark geschrumpften Wachstumsraten niedrigeres Steueraufkommen bewirkten, was wiederum die Möglichkeiten öffentlicher Ausgaben verminderte, wodurch es der AKP zunehmend schwerer fiel, populäre Eingriffe in die Verteilung vorzunehmen. Und mangels entsprechender Bereitschaft, die eingeschlagene finanzpolitische Strategie zu ändern, wuchsen die mit dieser verbundenen Probleme immer rasanter an, um schließlich ab 2020 in einer galoppierenden Inflation und einer schier unaufhaltsamen Abwärtsspirale zu enden.

Die Krise zu Beginn der 2020er Jahre war also durchaus hausgemacht. Der Boom der Nullerjahre wurde größtenteils durch kurzfristige Engagements bewirkt, die längerfristig keine Wirkung entfalten konnten. Gleichzeitig baute die Regierung – hier durchaus den europäischen Vorgaben folgend – die heimische Industrie systematisch ab, womit erst ein entsprechendes Leistungsbilanzdefizit und, daraus folgend, ein entsprechendes Handelsbilanzdefizit hervorgerufen wurde, da jene Güter, die nicht länger in der Türkei selbst produziert wurden, nun für teures Geld zugekauft werden mussten. Mit dieser Strategie war die darauf folgende Kalamität quasi vorprogrammiert.

2006 aber war diese Entwicklung noch nicht abzusehen. Die türkische Führung war ob der im Jahr zuvor begonnenen Beitrittsverhandlungen einigermaßen euphorisiert, sodass sie umso erstaunter reagierte, als im März 2006 die Eröffnung des zweiten Verhandlungskapitels (Bildung und Kultur) seitens der EU verzögert wurde. Konkret stießen sich mehrere Mitgliedsländer daran, dass Ministerpräsident Erdoğan zwar im Juli 2005 das »Ankara-Protokoll« unterzeichnet hatte, dieses aber immer noch nicht vom türkischen Parlament ratifiziert worden war. Dieses Abkommen sollte die Zollunion der EU mit der Türkei auf die zehn neuen Beitrittsländer des Jahres 2004 ausweiten, was seitens der Türkei eine Anerkennung des Hoheitsanspruchs der Republik Zypern über die gesamte Insel bedeutet hätte. Da die türkische Regierung zudem den Vorbehalt abgegeben hatte, dass diese Vereinbarung keine völkerrechtliche Anerkennung der Republik Zypern beinhalte, vertrat die Mehrheit der EU-Staaten die Ansicht, die Türkei habe eine wesentliche Vorbedingung für die Fortsetzung der Beitrittsverhandlungen nicht erfüllt. Und da die Türkei der wiederholten Aufforderung, das Ankara-Protokoll endlich zu genehmigen, nicht nachkam, wurden beim EU-Gipfel im Dezember 2006 die Gespräche über weitere Kapitel pausiert.

Neues Ungemach drohte der Türkei bei ihren Beitrittsambitionen im Frühjahr 2007, als der konservative Kandidat für die französische Präsidentschaft, Nicolas Sarkozy, die Wahlen mit dem Versprechen gewann, den Beitrittsprozess der Türkei zu stoppen. Die Türkei reagierte darauf mit der Ankündigung, das Reformtempo erhöhen zu wollen und zeigte sich aller Widrigkeiten zum Trotz weiterhin bereit, den Forderungen der EU weitreichend entgegenzukommen. Doch in der Bevölkerung begann die Begeisterung für eine europäische Integration zu bröckeln, da immer mehr Stimmen die Ansicht vertraten, die Bemühungen der Türkei würden seitens der EU nicht gewürdigt, die Nation werde von Europa herablassend behandelt und verdiene seitens der Europäer mehr Respekt.

Bei den turnusgemäßen Parlamentswahlen des Jahres 2007 fuhr die AKP einen erdrutschartigen Sieg ein. Sie erhielt fast 47 Prozent der Stimmen und 341 der 550 Mandate in der Nationalversammlung. Zwar verzeichnete auch die oppositionelle CHP leichte Gewinne auf nunmehr 21 Prozent (und 99 Mandate), während von den anderen Parteien nur die nationalistische MHP und (durch Wahlhilfe der CHP) die DSP des im Jahr zuvor verstorbenen Bülent Ecevit den Einzug ins Parlament schafften. Noch deutlicher wurde der Erfolg der AKP, wenn man sich die einzelnen Provinzen ansah. Die CHP konnte den europäischen Teil der Türkei mit Ausnahme Istanbuls und einige Landkreise an der Ägäis gewinnen, die MHP siegte in zwei Provinzen an der Südküste, und unabhängige kurdische Kandidaten gewannen den einen oder anderen Wahlkreis in Ostanatolien. Überall sonst blieb die AKP siegreich.

Erdoğan war folglich mit einem deutlichen Auftrag der Wählerschaft ausgestattet worden und meinte, nunmehr Stärke zeigen zu können. Als nämlich kurze Zeit später die Amtszeit des Staatspräsidenten auslief, ließ Erdoğan seinen langjährigen Weggefährten Abdullah Gül zum neuen Staatsoberhaupt wählen, was nicht nur in der Türkei selbst für Irritation sorgte, zumal einige AKP-Vertreter öffentlich verkündeten, nun habe die Türkei erstmals einen gläubigen Muslim in diesem Amt. In- wie ausländische Beobachter warfen Erdoğan mangelndes Fingerspitzengefühl vor, und seine Kritiker in der EU sahen sich in ihren Ressentiments bestätigt. Als die AKP nur wenig später einen Antrag auf generelle Zulassung des Kopftuchs an allen öffentlichen Einrichtungen einbrachte, versuchte die säkulare Gegenöffentlichkeit, gegen die AKP einzuschreiten. Ein Verbot der AKP scheiterte im Juni 2008 nur hauchdünn, da die erforderliche qualifizierte Mehrheit im Verfassungsgericht um eine Stimme verfehlt wurde.

Derweil wurde die innenpolitische Stimmung immer feindseliger. Erdoğan konzentrierte sich vermehrt darauf, seine islamischen Kernschichten zu saturieren und sicherte sich gleichzeitig im Hinblick auf allfällige Präsidentschaftswahlen ab, indem er ein Referendum abhalten ließ, wonach der Staatspräsident ab 2014 vom Volk gewählt werden sollte.

Dieses fand auch die erforderliche Mehrheit. Zu dieser Zeit begannen in den diversen Büros der AKP auch Pläne Gestalt anzunehmen, wonach die Türkei künftig nach dem Vorbild der USA durch einen schier allmächtigen Staatspräsidenten regiert werden sollte, und es brauchte nicht viel Phantasie, um zu dem Schluss zu kommen, Erdoğan plane diese grundlegende Verfassungsänderung für sich selbst.

Je länger ermutigende Signale aus Brüssel ausblieben, desto rauer wurde das politische Klima in der Türkei selbst. Die AKP reagierte auf die Versuche, sie wegen ihrer islamistischen Politik zu verbieten, mit Behauptungen, Medien und Militär planten einen Putsch gegen die demokratisch gewählte Regierung, beide Seiten warfen sich gegenseitig Verschwörung und Manipulation vor, wobei die Regierung die oppositionelle Kritik, sie besetze öffentliche Instanzen konsequent mit ihren Parteigängern, nicht entkräften konnte, da dies den Tatsachen entsprach.

Zwischenzeitlich war der Dialog mit der EU endgültig zum Erliegen gekommen. Zypern drohte offen mit einem Veto, da sich die Türkei weiterhin weigere, die Inselrepublik vorbehaltlos anzuerkennen, und die türkische Gegenseite zeigte sich zunehmend verstimmt über die aus ihrer Sicht ungerechte Behandlung. Ein Ausweg aus der Sackgasse, in die sich die Politik hineinmanövriert hatte, schien weniger denn je zu finden zu sein. An dieser Stelle mehrten sich in der AKP die Stimmen, die für ein alternatives Szenario eintraten, wofür wieder die alten Pläne der Wohlfahrtspartei Erbakans herhalten mussten. Medienwirksam schloss man Gasdeals mit Aserbaidschan, Handelsabkommen mit Russland und ging eine enge ökonomische Kooperation mit der Volksrepublik China ein. Wenn der Westen sich so beharrlich ziere, lautete das türkische Position, dann suche man sich seine Partner eben im Osten.

Spätestens ab 2010 arbeitete die AKP gezielt darauf hin, bei den nächsten Wahlen eine Zweidrittelmehrheit der Sitze zu erzielen, um auf diese Weise die Verfassung ändern zu können. Ihre Chancen schienen dabei nicht schlecht, da der Aufschwung noch nicht zu seinem Ende gekommen war, was bei vielen Bürgern den Eindruck erweckte, es gehe nach wie vor aufwärts, was der Politik der AKP zu danken sei. Auch gab sich Erdoğan zur Abwechslung wieder einmal etwas liberaler und ließ sogar öffentliche Debatten über die kurdische Frage und über die Bewertung der Ereignisse anno 1915 zu, wenngleich das Wort vom Genozids an den Armeniern von allen Parteigängern der Regierung brüsk zurückgewiesen wurde. Als sich der Literaturnobelpreisträger Orhan Pamuk den Begriff zu eigen machte, wurde prompt ein Verfahren gegen ihn wegen Verstoßes gegen Artikel 301 des Strafgesetzbuches (»Herabsetzung des Türkentums«) eingeleitet. Angesichts des weltweiten Aufschreis und der umfangreichen Proteste wurde der Prozess auf kleiner Flamme geköchelt und Pamuk schließlich zu einer Geldstrafe von umgerechnet 1.500 Euro verurteilt, um das Gesicht der türkischen Behörden zu wahren. Pamuk blieb dessen ungeachtet ein erklärtes Feindbild der türkischen Rechten und geriet immer wieder mit der türkischen Justiz in Konflikt. Der Schriftsteller hatte auch zu jenen gehört, die die türkische Regierung mitverantwortlich für den Mord an Hrant Dink machten. Der linke armenische Journalist und Mitherausgeber der Zeitschrift *Agos* wurde 2007 auf offener Straße erschossen. An dem Trauerzug nahmen bis zu 100.000 Menschen teil, an die Tat wird seitdem jährlich erinnert.

8.
Auf dem Weg in einen autoritären Staat?

Zwar erzielte die AKP im Juni 2011 mit 49,8 Prozent den größten Erfolg ihrer Geschichte, doch von der ersehnten Zweidrittelmehrheit blieb sie mit 327 von 550 Mandaten weit entfernt. Real hatte sie sogar 14 Sitze gegenüber 2007 verloren. Die CHP etablierte sich mit 135 Sitzen als ein Faktor, den die AKP nicht völlig ignorieren konnte, zudem errang ein Wahlbündnis aus linken bzw. kurdischen Parteien und Einzelkandidaten 36 Sitze, was einen beachtlichen Zuwachs im Vergleich zur Wahl davor bedeutete. Erdoğan konnte zwar weiter allein regieren, aber sein Handlungsspielraum wurde zunehmend enger. Um von den heraufdräuenden Problemen abzulenken, spielte er einmal mehr die Verfolgten-Karte aus, indem er angebliche Putschpläne des Militärs gegen seine Regierung groß aufblasen ließ. Der sogenannte Balyoz-Prozess gegen führende Armeeoffiziere sollte jedoch am Ende zu einer gewaltigen Blamage für Erdoğan werden, da alle Angeklagten freigesprochen wurden. Dabei hatte Erdoğans Justizapparat das ganz große Besteck aufgefahren und noch 2011 nicht weniger als 163 Haftbefehle ausgestellt, bis zum November weitete die Behörde die Anklage auf beinahe 400 Personen aus. Im September 2012 sprach das Gericht 295 Personen schuldig, die zum Teil Haftstrafen im Ausmaß von 18 bzw. 20 Jahren bekamen. Allerdings gingen die Angeklagten in Berufung und bekamen schließlich im Juni 2014 Recht. Alle Urteile wurden kassiert, die Angeklagten waren rehabilitiert. Erdoğan blieb wenig mehr, als auf die Unabhängigkeit der Justiz zu verweisen, deren Erkenntnissen er sich selbstverständlich beuge.

Ein ähnliches Debakel erlebte Erdoğan im zeitgleich stattfindenden Ergenekon-Prozess. Der Vorwurf der AKP und mit ihr verbündeter Teile der Staatsanwaltschaft: Es habe einen von der Armee kontrollierten »tiefen Staat« gegeben, dessen Ziel es sei, die AKP-Regierung zu beseitigen. Auch in diesem Fall wurden die Angeklagten zunächst zu langjährigen Haftstrafen verurteilt, ehe der Oberste Gerichtshof im April 2016 den gesamten Prozess für ungültig erklärte. Zwar bestätigte die Justiz in dem Prozess etwa die lange bestrittene Existenz von JITEM (»Geheimdienst und Terrorabwehr der Gendarmerie«), die schon zuvor mit Ermordungen und Verschwindenlassen von Oppositionellen in Verbindung gebracht worden war, doch die Existenz der angeblichen Ergenekon-Verschwörung, die den damaligen Regierungschef Recep Tayyip Erdoğan habe stürzen wollen, konnte während der Verhandlung nicht nachgewiesen werden; zudem sei der Prozess nicht fair gewesen. Nur drei Monate nach diesem finalen Urteil sollte das Thema Putsch erneut in aller Munde sein.

Zunächst jedoch passierte eine vermeintliche Kleinigkeit, die rasch landesweite Dimensionen annahm. Im Zentrum Istanbuls, genauer in Beyoğlu, gibt es kaum Grünflächen. Der Taksim-Platz ist dort eine Verkehrsdrehscheibe, und die von diesem wegstrebende Istiklal Caddesi die wohl am meisten frequentierte Fußgängerzone der Türkei. Wer in dieser Gegend also ein wenig Ruhe sucht, der flüchtet in den kleinen Gezi-Park, wo er, geschützt von Hecken im Schatten von Bäumen dem leisen Gurgeln des dortigen Springbrunnens lauschen kann.

Im Zuge der allgemeinen Gentrifizierung sollte nun aber anstelle des Parks ein Einkaufszentrum im osmanischen Stil errichtet werden, was dem Viertel den letzten Flecken Grün gekostet hätte. Zudem mussten es säkulare Kräfte als besondere Provokation ansehen, dass dieses Gebäude optisch just jener Kaserne nachempfunden werden sollte, von der aus 1909 die islamistischen Kohorten aufgebrochen waren, um die Zeit zurückzudrehen und die von den Jungtürken geschaffene konstitutionelle Monarchie zu beenden. Am 27. Mai 2013 fuhren die ersten Bagger auf, doch aus einer kleineren Menge von Parkschützern heraus stellte sich der Regisseur und Parlamentsabgeordnete Sırrı Süreyya Önder ihnen entgegen, sodass die Arbeiten um einen Tag verschoben wurden. Am nächsten Morgen freilich war der ganze Park mit Demonstranten gefüllt. Schnell zeigte sich, dass die mögliche Zerstörung von Grün-Raum bei weitem nicht der einzige Grund war, weshalb unerwartet viele Menschen ihren Protest öffentlich machten.

Die allgemeine Empfindung war, dass Erdoğan nach acht Jahren als Ministerpräsident zunehmend autoritär agierte. Seit dem weitgehend diktatorisch regierenden Adnan Menderes war kein Politiker mehr derart lange im Amt gewesen, und immer mehr Bürger kamen zu dem Schluss, dass Erdoğan seine Macht zunehmend missbrauchte. Viele konstatierten, dass der von der AKP herbeigeführte Elitenwechsel keine positiven Effekte für die breite Masse bewirkte, sondern einfach nur einen Personalwechsel in den Chefetagen darstellte. Das Scheitern der wirtschaftlichen Initiativen der AKP hatte zudem dazu geführt, dass nun auch die Mittelschicht einen sozialen Abstieg erlebte, wogegen einzeln vorgebrachte Proteste umgehend unterdrückt wurden.

Weiter erkannten immer mehr Menschen, dass die Propagierung des Islam durch die AKP nicht als Beitrag zu einem wie auch immer gearteten Pluralismus gedacht war, sondern damit ein rückwärtsgewandter reaktionärer Dominanzanspruch verbunden war, der geeignet war, den westlichen Lebensstil der säkular eingestellten Bevölkerungsgruppen ernsthaft zu gefährden.

Im Zuge der Ergenekon- und Balyoz-Prozesse zeigte sich außerdem, dass die Regierung gewillt war, die Presse- und Meinungsfreiheit immer mehr einzuschränken. Die AKP ließ kaum eine Gelegenheit aus, gegen Andersdenkende Anklage zu erheben, und dank ihrer mittlerweile recht zahlreichen Verbindungen in den Staats- und Justizapparat bedeutete das für die Betroffenen oftmals Gefängnis. Diese Praxis schürte eine allgemeine Verunsicherung, da niemand wusste, ob er nicht vielleicht der nächste war, sodass der kollektive Wunsch entstand, der behördlichen Willkür der AKP gemeinsam entgegenzutreten. Die Vernichtung des Gezi-Parks bot sich als Ort für eine politische Konfrontation regelrecht an. Doch es hatte sich darüber hinaus weit mehr an Frustration aufgestaut. So betrachteten es viele als Provokation, dass Erdoğan den Ausschank von Alkohol drastisch einschränken ließ. Dies umso mehr, als er im Parlament Atatürk und Inönü in einer Weise verächtlich gemacht hatte, für die es zu anderen Zeiten noch eine längere Haftstrafe gegeben hätte. Erdoğan begründete das Alkoholverbot nämlich mit folgenden Worten: »Ist dem Gesetz zweier Säufer oder dem Gesetz Gottes zu folgen?« Auch in der Familienpolitik offenbarte Erdoğan mehr und mehr seine reaktionäre Weltsicht. Nicht nur, dass er Homosexualität als im Widerspruch zum Islam stehend bezeichnete, er forderte mehrmals in seinen Reden Frauen auf, sich auf ihre ureigene Rolle als Mutter zu besinnen. So sagte er im Sommer 2012 bei einer Rede in Konya: »Jede Familie möge drei, besser noch fünf Kinder haben.« Wenig verwunderlich, dass er Schwangerschaftsabbrüche nur noch in medizinischen

Notfällen zulassen wollte und für eine Abschaffung der Fristenlösung eintrat. Sogar nach einer Vergewaltigung sollte es Frauen nicht mehr erlaubt sein, eine Abtreibung durchführen zu lassen. Im Lichte solcher Aussagen und Gesetzesanträge tat die säkulare Öffentlichkeit gut daran, alarmiert zu sein.

Ende Mai 2013 ging eine regelrechte Protestwelle durch das ganze Land, die ihren Ausgang im Gezi-Park hatte. Dabei zeigte sich rasch, dass sich an diesen Demonstrationen bei weitem nicht nur die Vertreter linker politischer Gruppen beteiligten, sondern dass sich erstmals auch Jugendliche und Angestellte engagierten, die zuvor politisch abseits gestanden waren. Zahlreiche junge Menschen besetzten den Park und errichteten ein Zeltlager, entschlossen, Tag und Nacht auszuharren. Drei Wochen später schritt die Polizei gewaltsam ein und löste die Zeltstadt auf. Der Park wurde abgesperrt, die Behörden verhängten ein Betretungsverbot. Als die Demonstranten schon fürchteten, die Auseinandersetzung verloren zu haben, zog das Verwaltungsgericht Istanbul die Baubewilligung zurück und stoppte so jedwedes Bauvorhaben. Die Richter beriefen sich dabei nicht nur auf Expertengutachten aus der Architektenkammer, sie verwiesen auch darauf, dass die Bevölkerung nicht in ausreichendem Ausmaß an der Planung beteiligt gewesen sei. Erdoğan hatte – zumindest vorderhand – das Nachsehen.

Er war in der Angelegenheit aber auch der moralische Verlierer, denn auch den Anhängern der AKP entging nicht, dass der Gezi-Park eine überaus heterogene Koalition zusammengebracht hatte. Junge Bobos (»Bourgeois bohemien«, Kinder gehobener Schichten) standen Seite an Seite mit altgedienten Gewerkschaftern, biedere Omas neben kurdischen Aktivisten. Sogar die sonst bitter verfeindeten Fanklubs der großen Istanbuler Fußballklubs schlossen sich während der Proteste demonstrativ und durchaus wirkungsvoll zum »FC Gezi« bzw.

»Istanbul United« zusammen, zumal die Ultras im Umgang mit der Polizei geübt waren. Erdoğans Bildungsminister kommentierte die Entwicklung gallig mit dem Satz: »Wir haben es geschafft, alle unsere Konkurrenten und Feinde an einem einzigen Tag zusammenzubringen.«

Ein vielleicht noch größeres Symbol als der Gezi-Park war der Taksim-Platz, auf dem sich das Atatürk-Kulturzentrum befand. Dieser hatte für alle Weltanschauungen eine besondere Bedeutung. Für die Kemalisten war es der Platz, auf dem an Atatürks Verdienste und an die Begründung der Republik gedacht wurde. Folgerichtig war auf dem Taksim eben auch das Atatürk-Kulturzentrum errichtet worden, in dem westlich orientierte Kultur das neue Gesicht der Türkei manifestieren sollte. Genau deshalb war den Islamisten dieser Platz ein Stachel in ihrem Fleisch. Schon zu seinen Zeiten als Bürgermeister von Istanbul hatte Erdoğan sich dafür eingesetzt, das Atatürk-Kulturzentrum durch den Bau einer Moschee zu relativieren, wenn nicht gar zu ersetzen. Pläne, die er ab 2012 öffentlich wieder aufgegriffen hatte. Schließlich war der Taksim aber auch ein zentraler Erinnerungsort für die Linke, die dort in ihren guten Zeiten, als etwa der zentrale Gewerkschaftsverband DISK (Konföderation der revolutionären Arbeitergewerkschaften) bis zu einer halben Million Menschen mobilisieren konnte, ihre Manifestationen abgehalten hatte. Ein Ort aber auch, der für Linke für immer mit dem »Taksim-Massaker« verbunden geblieben war. 1977 war es dort bei einer Feier aus Anlass des 1. Mai zu den genannten brutalen Polizeiübergriffen mit zahlreichen Toten gekommen, woran seitens der Gewerkschaften und Linksparteien nicht öffentlich erinnert werden durfte. Als die Arbeiterschaft am 1. Mai 2008 partout am Taksim-Platz ihre Maikundgebung abhalten wollte, wurde sie von der Polizei gewaltsam daran gehindert. Zahlreiche Menschen wurden verletzt, hunderte festgenommen. Seit diesem Zeitpunkt war der Taksim an jedem Ersten Mai wild umkämpft, auch im Jahr 2013, bei welcher Gelegenheit eine 17-jährige Schülerin schwerst verletzt wurde. Videos belegten, dass die Jugendliche von Polizisten gezielt angegriffen worden war. Ihr Überleben war noch nicht gesichert, als die Gezi-Park-Proteste in eine Art Generalstreik der Zivilgesellschaft übergingen. Von Ende Mai bis Anfang Juli 2013 kam es zu einer Vielzahl an Demonstrationen, Kundgebungen und sonstigen Protesten, gegen die die Polizei oftmals überhart einschritt. Insgesamt hatten die Polizeikräfte den Tod von neun Menschen zu verantworten, wobei in vier Fällen Unbeteiligte »irrtümlich« zu »Kollateralschäden« wurden. So starb ein 88-jähriger Rentner, der am Taksim-Platz wohnte, an einem Herzinfarkt, nachdem er auf dem Weg zu seiner Wohnung von einer Tränengasgranate der Polizei getroffen worden war. Ein ebenso demonstrationsferner Hausverwalter erlitt ebenfalls einen Herzinfarkt, nachdem er eine zu große Menge Tränengas hatte einatmen müssen. Besonders tragisch war das Schicksal eines 14-Jährigen, der eben im Begriff war, für seine Familie Brot zu holen, als er von einer Tränengaskartusche am Kopf getroffen wurde, woran er letztlich nach mehrmonatigem Koma starb.

Mit dem harten Durchgreifen gegen oppositionelle Kritiker und der Verweigerung jeglichen politischen Dialogs war Erdoğan für die EU ins Abseits geraten. Solange er in Ankara die Zügel in der Hand hielt, so der allgemeine Tenor, würde über einen Beitritt seines Landes nicht mehr verhandelt. Die Türkei hatte sich selbst isoliert. Doch Erdoğan wusste, dass er immer noch über eine starke Hausmacht verfügte, die er auch einzusetzen gedachte. Sein Ziel war es, im Folgejahr zum Staatspräsidenten gewählt zu werden, um sodann ein Präsidialsystem einzuführen, mit dem er weiter als starker Mann am Bosporus den Ton angeben konnte. Ginge sein Plan auf, so wäre Erdoğan zwanzig Jahre durchgehend an der Macht – länger als Atatürk.

Doch während Erdoğan noch die entsprechenden legistischen Schritte vorbereitete, gerieten einige seiner engsten Mitarbeiter in ein schiefes Licht. Am 17. Dezember 2013 wurde ruchbar, dass die Staatsanwaltschaft in einer Korruptions- und Bestechungssache gegen vier Mitglieder von Erdoğans Kabinett ermittelte. Bald erfolgten erste Verhaftungen. Wenige Tage später rückte Erdoğans eigener Sohn Bilal ins Zentrum der Ermittlungen, und nicht wenige Beobachter waren der Überzeugung, dass Erdoğan bei den gegenständlichen Machenschaften zumindest Mitwisser gewesen war.

Doch Erdoğan reagierte schnell. Bereits am 25. Dezember 2013 waren alle mit den Ermittlungen betrauten Beamten versetzt, und der Justizminister hatte die Sache an sich gezogen. Er gab die Weisung, die Untersuchungen einzustellen. Erdoğan wusch medienwirksam seine Hände in Unschuld und behauptete, es handle sich bei der ganzen Angelegenheit um ein Komplott, das von Fethullah Gülen eingefädelt worden sei. Die Tonbandaufnahmen, auf denen unter anderen auch Erdoğan selbst zu hören war, und welche die Grundlage für die Aktivitäten der Staatsanwaltschaft gebildet hatten, erklärte Erdoğan zur Fälschung des Mannes in Pennsylvania, womit jeder wusste, dass Gülen gemeint war.

Gülen war schon seit einem Vierteljahrhundert in Konkurrenz zu den Aktivisten der AKP gestanden, doch ging es ihm weniger um politische Ämter in der Türkei, sondern um den Aufbau eines eigenen Bildungs- und Medienimperiums. Als erster hatte er erkannt, dass sich für islamische Einrichtungen nach dem Zerfall der Sowjetunion ein schier unerschöpflicher Markt in Zentralasien auftat. Gülens Bewegung errichtete Kindergärten, Volksschulen, Gymnasien und sogar Privatuniversitäten in Staaten wie Tadschikistan,

Turkmenistan, Kirgistan, Usbekistan oder Aserbaidschan, er gründete Zeitungen und Fernsehanstalten und war bald in über hundert Ländern vertreten, darunter auch in den USA, in Kanada oder in Mitteleuropa. Und Gülens Islamverständnis war stets mit westlichen Werten vereinbar, sodass er, wenn er auch nicht selbst die politische Arena betrat, ein überaus gefährlicher Rivale für Erdoğan war, der deshalb bereits 2013 versuchte, seinen Widersacher zu diskreditieren.

Erdoğan hatte freilich nicht nur den Widerstand der Zivilgesellschaft und der anderen Parlamentsparteien sowie die Rivalität der Gülen-Bewegung einzukalkulieren, ihm erwuchs erstmals auch innerparteilich eine Art Opposition. Die gemäßigten Kräfte um Präsident Gül und dessen Nachfolger als Außenminister, Ahmet Davutoğlu, votierten für einen konzilianteren Kurs gegenüber den politischen Mitbewerbern, doch Erdoğan sah sich mehr und mehr als »Milli Şef« und reagierte auf Widerspruch zunehmend bärbeißig. Dass rund 60 Prozent der Wähler seiner Verfassungsänderung zustimmten, deutete Erdoğan als Bestätigung seiner nationalen Führungsrolle.

Angesichts der erfolgten Verfassungsänderung stand die erste Volkswahl des Staatsoberhaupts an. Drei Kandidaten stiegen in den Ring. Einer davon war, wie allgemein erwartet worden war, Erdoğan selbst. Die klassischen kemalistischen Parteien wie CHP, DYP, DSP, aber auch die nationalistische MHP, einigten sich auf den 71-jährigen Historiker Ekmeleddin Ihsanoğlu, während die gesamte Linke den Vorsitzenden der kurdischen »Demokratischen Partei der Völker« (HDP), Selahattin Demirtaş, unterstützte. Bei einer Wahlbeteiligung von annähernd 80 Prozent erzielte Erdoğan schließlich 51,7 Prozent. Genug, um eine Stichwahl zu vermeiden, aber bei weitem nicht so glanzvoll, wie es seine Anhänger erwartet hatten. Einmal mehr zeigte sich die politische Dreiteilung des Landes. Während Ihsanoğlu die europäische Türkei und beinahe die gesamte Küstenregion für sich gewinnen konnte und Demirtaş in den Kurdengebieten unumstrittener Sieger war, dominierte Erdoğan in den ländlichen Regionen Zentralanatoliens und in Ankara. Bemerkenswert war aber auch das Wahlverhalten jener Türken, die im Ausland lebten, und dennoch wahlberechtigt waren, nachdem die AKP 2012 nicht uneigennützig eine entsprechende Wahlrechtsreform hatte verabschieden lassen. Hier erhielt Erdoğan zum Teil überwältigende Mehrheiten, so etwa 69 Prozent in Deutschland, 77 Prozent in den Niederlanden und gar über 80 Prozent in Österreich.

Erdoğan fuhr in der Zwischenzeit fort, Nägel mit Köpfen zu machen. Er ernannte Außenminister Davutoğlu zum neuen Ministerpräsidenten und zog alle relevanten Befugnisse bei sich zusammen. Als Staatsoberhaupt war er nun Vorsitzender des Nationalen Sicherheitsrates, Vorgesetzter der Geheimdienstchefs, Oberkommandierender der Streitkräfte und letzte politische Instanz in allen Fragen der Außenpolitik. Seit Atatürks Tagen war kein türkischer Politiker mehr so mächtig gewesen wie Erdoğan im Jahre 2014.

Und man kann nicht behaupten, dass er von dieser Macht sorgsam und weise Gebrauch machte. Immer aggressiver griff er die – noch – unabhängige Presse an, deckte unbotsame Journalisten mit Klagen ein und intervenierte in den Chefredaktionen, damit Redakteure, die ihm – wirklich oder auch nur vermeintlich – die Stirn geboten hatten, entlassen würden. Mit seinem engmaschigen Netzwerk aus verschiedenen Unternehmungen sorgte er dafür, dass Publikationsorgane, die er nicht durch Einschüchterung auf Linie bringen konnte, aufgekauft wurden, um sich so eine unterwürfige Presse zu schaffen, die ihn nicht nur nicht kritisierte, sondern sogar wortreich für seine Weisheit, Führungsstärke, Weitsichtigkeit usw.

pries. So erwarb 2012 ein Erdoğan nahestehendes Flüssiggas-Unternehmen die vordem angesehene Zeitung *Milliyet*, die prompt auf Erdoğan-Kurs umschwenkte. In anderen Fällen genügten einige großzügige Subventionen – wie im Falle des Nachrichtensenders NTV, dessen Eigentümer einen umfangreichen Regierungsauftrag erhielt –, um Kritik zum Verstummen zu bringen. NTV stellte seine ehedem überaus populäre Monatsschrift gleich ganz ein, während sein Fernsehprogramm ebenso Erdoğan-freundlich wurde wie die Berichterstattung in den Medienprodukten der Ciner-Gruppe, die ebenfalls eine ganze Reihe lukrativer Regierungsaufträge erhalten hatte. Erdoğan verschaffte sich so eine mediale Meinung über sich und seine Regierung, und wo das – aus welchen Gründen auch immer – mit käuflichen Mitteln nicht möglich war, da setzte er den Staatsapparat in Gang, um das jeweilige Medium möglichst dauerhaft auszuschalten. Dabei wurden stets dieselben Vorwürfe erhoben (Gefährdung der öffentlichen Sicherheit, Herabwürdigung des Türkentums, Separatismus etc.), mit denen ein Verbot bzw. eine Schließung der jeweiligen Organe dann auch durchgesetzt wurde. Kurdische bzw. linke Tageszeitungen konnten noch ein paar Jahre lang unter widrigen Umständen erscheinen, doch bald schon blieben unter den größeren Medienprodukten jene der Gülen-Bewegung die einzigen, die dem Präsidenten noch kritisch gegenüberstanden.

Und Gülen, wiewohl lange schon im US-amerikanischen Exil, konnte Erdoğan auch noch aus einem anderen Grund gefährlich werden. Viele, die durch seine Schulen gegangen waren, hatten zwischenzeitlich prominente Posten in der Justiz, der Verwaltung oder auch der Armee, was zusammengenommen durchaus als potentielle Bedrohung des Alleinvertretungsanspruchs Erdoğans angesehen werden konnte. Der AKP-Chef suchte daher spätestens ab 2013 nach einem Weg, auch die Gülen-Gruppe als Faktor zu eliminieren.

Die Korruptions- und Bestechungsaffäre Ende Dezember 2013 überzeugte ihn davon, noch massiver als ehedem in die personellen Besetzungen der staatlichen Institutionen intervenieren zu müssen. Heimlich, still und leise wurden zahlreiche Beamte, die nicht absolut loyal gegenüber der Regierung waren, versetzt, pensioniert oder gemobbt, Justiz und Polizei weiter umgefärbt. Nicht einmal zwei Jahre nach den Gezi-Protesten schien alles auf den »Şef« zuzulaufen.

Der ging daher auch relativ sorglos in die turnusgemäßen Parlamentswahlen vom Juni 2015. Die AKP-Kandidaten ließen im Wahlkampf ein paar markige Sprüche ab, bekräftigten ihre Absicht, dem Islam noch mehr Geltung zu verschaffen – einzelne Politiker dachten laut darüber nach, den Islam wieder zur Staatsreligion zu machen – und verwiesen beiläufig auf die in ihren Augen unzweifelhafte Erfolgsbilanz von 13 Jahren AKP an der Macht.

Die oppositionelle CHP hatte für diesen Urnengang den brav-biederen ehemaligen Beamten Kemal Kılıçdaroğlu zum Spitzenkandidaten erkoren, der ob seiner stillen Art von der AKP als politisches Leichtgewicht abgetan wurde. Tatsächlich gingen alle Meinungsumfragen noch wenige Tage vor der Wahl davon aus, dass die AKP im Wesentlichen ihren Prozentanteil würde halten können, während außer CHP und MHP keine andere Partei die Zehnprozenthürde würde überspringen können. Doch die HDP schickte sich an, als erste deklariert kurdische Partei genau diese Hürde nehmen zu wollen. Die beiden linken Parteien – die Arbeiterpartei und die TKP – durften ebenfalls antreten, doch war nicht damit zu rechnen, dass sie auch nur ein Prozent der Stimmen bekommen würden.

Am Abend des Wahltages gab es dann lange Gesichter bei der AKP. Entgegen allen Vorhersagen hatte die Partei neun Prozent der Stimmen und damit auch die absolute Mandatsmehrheit verloren. Größte Überraschung des Wählervotums waren die 13 Prozent, die die HDP eingefahren hatte, womit sie in der Nationalversammlung eine Fraktion mit 80 Abgeordneten stellen konnte.

Erdoğans einziges Glück war der Umstand, dass die drei anderen Parteien im Parlament aus ideologischen Gründen nie zueinander finden konnten. Für die nationalistische MHP existierten die Kurden gar nicht, sie waren »Bergtürken«, die aus einem schrecklichen Fehler des Schicksals eine eigene Sprache hatten. CHP und HDP hatten wohl einiges an Gemeinsamkeiten – auch wenn die CHP für eine Koalition wohl nicht über ihren Schatten gesprungen wäre –, doch im Hohen Haus gemeinsam ebensowenig eine Mehrheit wie die AKP für sich allein. Erdoğan musste sich, sollte seine Partei am Ruder bleiben, mit der MHP arrangieren, die ihn allerdings für den Aufstieg der HDP mitverantwortlich machte, da Erdoğan zwischenzeitlich einen unverbindlichen, aber doch erkennbaren Dialog mit der kurdischen Seite begonnen hatte, den manche Beobachter als Friedensprozess bewerteten. Damit war nun freilich Schluss. Abrupt beendete Erdoğan alle Gespräche mit kurdischen Vertretern und beklagte umgehend deren Duldung eines kurdischen Terrorismus, wobei er der HDP eine Unterstützung des bewaffneten Freiheitskampfes der syrischen Kurden unterstellte und behauptete, die Aktivitäten der kurdischen Guerilla in Syrien dienten lediglich der Vorbereitung der Errichtung eines grenzübergreifenden Groß-Kurdistans. Damit traf er für die MHP zwar den richtigen Ton, doch zierte sich die nationalistische Partei weiterhin, der AKP aus ihrer Kalamität zu helfen. Schließlich ortete Erdoğan in den Aktivitäten der syrischen Kurden eine nationale Bedrohung und rief die Nation dazu auf, sich in diesem kritischen Moment hinter der Regierung zu versammeln. Die Parlamentsparteien forderte er auf, eine Allparteienregierung unter Ministerpräsident

Davutoğlu zu bilden, um den Kampf gegen den, wie Erdoğan es nannte, Terrorismus gemeinsam zu führen.

Während die CHP ein solches Ansinnen rundweg ablehnte und die MHP abseits blieb, erklärte sich der Sohn des Parteigründers, Yıldırım Türkeş, bereiter, als Vizeregierungschef in die Regierung einzutreten. Prompt wurde er aus der MHP ausgeschlossen, woraufhin er seine politische Zukunft in der AKP fand. Die HDP aber, in ihrem Bemühen, die eben erst erzielten politischen Erfolge nicht wegen des Krieges in Syrien aufs Spiel zu setzen, entschloss sich tatsächlich dazu, zwei Minister ins Kabinett zu schicken, wobei einer Minister für europäische Angelegenheiten, der andere Minister für Entwicklung wurde. Als jedoch Erdoğan im September 2015 aktiv in den syrischen Konflikt eingriff und Truppen gegen die dortige kurdische Guerilla einsetzte, traten beide nach nur einem Monat wieder aus der Regierung aus. Die Nationalversammlung einigte sich darauf, im November 2015 erneut wählen zu lassen.

Erdoğan, der als Präsident eigentlich überparteilich hätte agieren sollen, schaltete sich nun mit aller Macht in den neuerlichen Wahlkampf ein. Einerseits wurde er nicht müde, das Engagement gegen den Terrorismus zu betonen, andererseits wies er auf zahlreiche innerstaatliche Bedrohungen hin, die angeblich die Sicherheit der türkischen Nation untergrüben. Dabei kam ihm ein Bombenanschlag in Ankara im Oktober mehr als gelegen. Einmal mehr bezichtigte er die Gülen-Bewegung der Unterstützung des Terrorismus und stellte wesentliche Teile des Gülen-Konzerns unter staatliche Zwangsverwaltung. Zwei Fernsehstationen der Gülen-Gruppe mussten ihren Betrieb einstellen, zwei namhafte Zeitungen standen gleichsam unter Vorzensur.

Vor allem aber schoss sich die AKP auf die kurdische HDP ein, wobei ganz offenkundig das Ziel verfolgt wurde, diese

Partei unter die Zehnprozentmarke zu drücken, um ihr so den Wiedereinzug ins Parlament zu verunmöglichen. Demirtaş und seine Parteifreunde hatten denn auch alle Hände voll zu tun, sich gegen die Vorwürfe, sie seien klandestine Unterstützer des kurdischen Terrorismus, zu wehren. Ungeachtet aller Anfeindungen gelang es der HDP, mit 10,8 Prozent auch im November die Hürde zum Einzug in die Nationalversammlung zu überspringen. Abgestraft wurde hingegen die MHP, die mit etwas mehr als 11 Prozent ebenfalls knapp daran vorbeischrammte, sich aus dem Hohen Haus verabschieden zu müssen. Und während die CHP nur ganz leicht zulegte, holte die AKP fast alle Stimmen zurück, die ihr im Juni verloren gegangen waren, und erhielt mit 49,5 Prozent der Voten wieder ihre komfortable absolute Mehrheit der Sitze zurück.

Da die HDP aber auch in der neuen Gesetzgebungsperiode eine eigene Fraktion stellte, musste sich Erdoğan von der Idee verabschieden, das von ihm angestrebte Präsidialsystem einfach auf dem Wege einer parlamentarischen Verfassungsänderung herbeizuführen, denn von der Zweidrittelmehrheit war seine AKP auch nach dem November 2015 weit entfernt. Und trotz des Erfolgs an den Urnen schien die erforderliche Mehrheit in einem Referendum ebenfalls kein Selbstläufer zu sein. Zudem mehrten sich auch in der AKP selbst Stimmen, die Erdoğans Pläne nicht vorbehaltlos akzeptieren wollten. Der ehemalige Staatspräsident Abdullah Gül äußerte sich ebenso skeptisch wie Ministerpräsident Davutoğlu – formell seit 2014 Chef der AKP, nachdem Erdoğan Präsident geworden war. Allerdings reagierte Erdoğan auf die Widerstände Davutoğlus damit, diesem zu unterstellen, er fürchte nur den Verlust seines Amtes – immerhin war der Posten eines Ministerpräsidenten im neuen Präsidialsystem nicht mehr vorgesehen – und mache deshalb Stimmung gegen die Pläne Erdoğans. Als aus dem Umfeld des Präsidenten damit begonnen wurde, Davutoğlus Integrität offen infrage zu stellen, zog dieser im Mai 2016 die Reißleine und trat als AKP-Vorsitzender wie als Regierungschef zurück, was in der Partei einige Irritation auslöste, die sich auch gegen Erdoğan richtete, dem man vorwarf, ungerecht gegenüber alten Weggefährten zu sein. Der Umsetzung seines politischen Willens war auch dies nicht gerade hilfreich. Erdoğan erkannte, er brauchte eine Art Wunder, um doch noch auf die von ihm gewünschte Weise triumphieren zu können.

Das »Wunder« ereignete sich am späten Abend des 15. Juli 2016, keine zwei Monate nach Davutoğlus Rückzug. Ab Mitternacht türkischer Zeit begannen militärische Einheiten, die Brücken über den Bosporus abzusperren und versuchten, in Ankara zentrale Gebäude der staatlichen Verwaltung in ihre Gewalt zu bekommen. Laut offiziellen Berichten fand auch eine Spezialoperation am Ferienort Erdoğans statt, um diesen dort zu verhaften. Erdoğan allerdings konnte – wenn er denn überhaupt bedroht worden war – entkommen und organisierte sofortigen Widerstand gegen den Putsch, der in seinem Dilettantismus einige Parallelen zu der Erhebung von Teilen der KPdSU in der Sowjetunion im August 1991 aufwies. Die Art und Weise, wie der Putsch, an dem nach offiziellen Angaben der Regierung ungefähr 8.000 Soldaten beteiligt gewesen waren, binnen kürzester Zeit niedergeschlagen werden konnte (unter anderem durch ein massives Aufgebot von AKP-Anhängern, die den Putschisten in Istanbul wie in Ankara entschlossen entgegentraten), lässt die Vermutungen nicht unplausibel erscheinen, Erdoğan sei längst über entsprechende Pläne informiert gewesen und habe zeitgerecht Gegenmaßnahmen vorbereiten können. So riefen etwa im ganzen Land 80.000 Moscheen zum Widerstand gegen den Putsch auf, innerhalb von 30 Minuten nach Beginn des Putschs sollen 105.000 AKP-Mitglieder durch die jeweiligen Bezirkssekretariate mobilisiert worden sein, die sich dann vor den Sammelstellen der Putschisten einfanden und diese erfolgreich an weiteren Schritten hinderten. Sich all diese Reaktionen als spontan stattfindend vorzustellen, fällt schwer.

Nach kaum fünf Stunden war die gespenstische Erhebung beendet. Die Putschisten waren gerade noch in der Lage gewesen, über die Zentrale der staatlichen Rundfunkanstalt TRT, die sie kurzfristig hatten besetzen können, ein Manifest zu verlesen, in dem ein »Rat des Friedens in der Heimat« (auf Türkisch »yurtta sulh«, eine alte Atatürk-Parole) die Verantwortung für die Erhebung mit der Begründung übernahm, die Regierung habe den Boden der Verfassung verlassen, weshalb sie ihres Amtes enthoben werden müsse. Es gelte, die Korruption zu bekämpfen, die verfassungsmäßige Ordnung, die Einhaltung der Menschenrechte, die persönliche Freiheit und die öffentliche Sicherheit wiederherzustellen. Die Putschisten waren kaum mit der Verkündung ihres Manifests zu einem Ende gekommen, als ihr Putsch auch schon zusammengebrochen war. Laut Angaben der Regierung waren während der Unruhen rund 200 Personen getötet und an die 2.000 verletzt worden. Eine unabhängige Überprüfung dieser Zahlen gab es jedoch nicht.

Leicht festzustellen war hingegen die Zahl der im Gefolge des Putschversuchs verhafteten Bürger. Bis zum 20. Juli 2016 waren im Zuge diverser Säuberungen bereits über 45.000 Militärs, Polizisten, Richter, Gouverneure und Beamte verhaftet oder suspendiert worden, darunter 2.700 Richter, 15.000 Lehrer und alle Universitätsdekane des Landes. 163 Generäle und Admirale wurden inhaftiert, was etwa 45 Prozent der gesamten türkischen Militärführung entsprach. Auch diese Reaktion lässt vermuten, dass eine solche Aktion von langer Hand geplant war und gemäß zuvor erstellter Listen abgearbeitet wurde. Das Ausmaß der staatlichen Verfolgung ließ das ursprüngliche Mitgefühl für Erdoğans Regierung rasch umschlagen. Die *New York Times* attestierte Erdoğan einen »Gegenputsch« und schrieb, er sei rachsüchtiger und kontrollbesessener als je zuvor und nutze die Krise nicht nur dazu, meuternde Soldaten zu bestrafen, sondern auch, um jeden Dissens, der in der Türkei noch vorhanden ist, zu unterdrücken. Selbst US-Außenminister John Kerry forderte Erdoğan auf, das zunehmend harte Vorgehen gegen die türkischen Bürger einzustellen, das offenkundig nur dazu diene, Andersdenkende zu unterdrücken. Und Frankreichs Außenminister Jean-Marc Ayrault äußerte die Befürchtung, die Führung der Türkei wende sich von der Demokratie ab.

Tatsächlich wurde bis Mitte September 2016 gegen nicht weniger als 70.000 Personen ermittelt, von denen 32.000 bereits inhaftiert worden waren. Schließlich wurden an die 300 hohe und höchste Armeeangehörige zu lebenslanger Haft verurteilt, weitere Prozesse zogen sich in die Länge und waren zum Teil auch 2023 noch nicht abgeschlossen. Der unmittelbar nach dem Putsch verhängte Ausnahmezustand sollte im Übrigen bis zum Juli 2018, mithin also volle zwei Jahre, in Geltung bleiben. Zudem wird die Abwehr des Putschversuchs seitdem in jährlichen Gedenkfeiern zu einem nationalen Heldenmythos erhoben.

Vor allem aber beabsichtige Erdoğan, den Putsch, für den er einmal mehr Fethullah Gülen verantwortlich machte, zur endgültigen Zerschlagung des Gülen-Imperiums zu nutzen. Die ihm ergebene Presse wurde nicht müde, von einer Fethullahistischen Terrororganisation (kurz: FETÖ) zu schreiben, die Staat und Gesellschaft unterwandert habe, weshalb man mit besonderer Härte gegen diese vorgehen müsse. Und obwohl sich die säkulare Opposition von allem Anfang an unmissverständlich von dem Putsch distanziert hatte, geriet auch sie ins Fadenkreuz der Ermittlungen.

Nach Angaben von Amnesty International (ai) kam es im türkischen Justizwesen zu groben Verstößen gegen Menschenrechte. So wurde Inhaftierten der Zugang zu einem Rechtsbeistand verweigert, wurden einzelne Häftlinge geschlagen und gefoltert oder erhielten, wie ai in einem Bericht festhielt, keine angemessene Nahrung, nicht ausreichend Wasser und medizinische Versorgung. Der türkische Justizminister bestritt alle diese Vorwürfe und bezeichnete sie als Teil einer Fake-News-Kampagne von Mitgliedern der Gülen-Bewegung.

Dessen ungeachtet forderten Menschenrechtsgruppen europäische Institutionen auf, die Haftbedingungen in der Türkei zu prüfen. Doch die EU war nicht sonderlich erpicht darauf, Erdoğan in die Parade zu fahren, denn sie war seit einem guten Jahr von ihm und seinem Wohlwollen abhängig. Als nämlich im Sommer 2015 die damalige Fluchtbewegung ihren Höhepunkt erreichte, da verständigten sich Brüssel und Ankara auf ein bilaterales Abkommen, wonach die Türkei die Flüchtlinge an der Weiterreise nach Europa hinderte, wofür sie eigens EU-Gelder bekam. Ab diesem Zeitpunkt drohte Erdoğan jedes Mal, wenn er allzu deutlich von einem EU-Politiker für seine Politik kritisiert wurde, damit, die Flüchtlinge ziehen zu lassen. Somit verstummte der Widerspruch aus Brüssel bald und war nur noch dann zu vernehmen, wenn die Türkei den Bogen gar zu sehr überspannte. So wurde im Zuge der Polizeimaßnahmen im Gefolge des Juli-Putschs auch der Vorsitzende der HDP, kurz zuvor noch Präsidentschafts- bzw. Spitzenkandidat bei den Parlamentswahlen, trotz parlamentarischer Immunität verhaftet. Selahattin Demirtaş sitzt seit 2016 im Gefängnis, ohne dass es zu einer konkreten Verurteilung kam. Für Aufsehen sorgte auch die Verhaftung des deutschen Journalisten Deniz Yücel, der erst nach fast einem Jahr in Untersuchungshaft wieder auf freien

Fuß gesetzt wurde. Ob der internationalen Solidaritätskampagnen und des politischen Drucks von außen, wurde Yücel schließlich die Ausreise aus der Türkei ermöglicht, danach wurde er in absentia wegen Terrorpropaganda zu knapp drei Jahren Gefängnis verurteilt.

Die Stimmung in der Türkei verdüsterte sich also immer mehr. Erdoğan aber wollte sich die Butter nicht mehr vom Brot nehmen lassen und bereitete ein Referendum über die grundlegende Änderung der Verfassung vor, das im April 2017 auch tatsächlich abgehalten wurde und eine knappe Mehrheit von 51 zu 49 Prozent für Erdoğans Pläne erbrachte. Insgesamt stimmten etwas mehr als 25 Millionen für das Konzept der AKP, das von knapp weniger als 24 Millionen abgelehnt wurde.

Kernstück der Reform war der Umbau des Staatswesens. So wurde der bisher die Regierung ausübende Ministerrat ersatzlos abgeschafft, wodurch auch das Amt des Ministerpräsidenten entfiel. Ebenso wurden parlamentarische Kontrollmittel wie Misstrauensvotum oder Vertrauensfrage abgeschafft. Alle Kompetenzen der Regierung gingen auf den Staatspräsidenten über, der nunmehr die Minister jederzeit ernennen und entlassen kann, ohne dass eine Mitwirkung der Volksvertretung möglich ist. Auch kann der Präsident eine beliebige Zahl an Vizepräsidenten ernennen. Zudem wurde dem Präsidenten zugestanden, Rechtssetzungsakte auf dem Verordnungswege vorzunehmen, die gleichsam nur dann ihre Wirkung verlieren, wenn das Parlament ein eigenes Gesetz in dieser Materie beschließt, das die Präsidialverordnung gegenstandslos macht. Außerdem kann ein Veto des Präsidenten nicht mehr, wie zuvor üblich, durch eine einfache Mehrheit in einer parlamentarischen Sitzung überstimmt werden, vielmehr braucht ein solcher Schritt nunmehr mindestens 301 Stimmen, mehr als die Hälfte der Gesamtzahl aller Abgeordneten. Außerdem muss der Präsident nicht mehr neutral sein, er darf künftig sogar weiterhin Vorsitzender einer Partei sein, was bedeutet, dass Erdoğan auch formell wieder den Vorsitz der AKP übernehmen konnte. Praktischer Nebeneffekt für Erdoğan war zudem, dass er auf diese Weise seine Amtszeit, die bis zu diesem Zeitpunkt auf sieben Jahre limitiert war, auf 14 Jahre verdoppeln konnte, weil die neue Verfassung eine fünfjährige Amtszeit vorsieht, die um einmal fünf Jahre verlängert werden kann.

Als jedoch die Wähler zu den Urnen gerufen wurden, zeigte sich, dass Erdoğan bei weitem nicht über jene breite Mehrheit verfügte, die er hinter sich zu haben behauptete. Vielmehr erschienen etliche Studien, die Manipulation nahelegten. Eine Untersuchung der Wissenschaftsredaktion des österreichischen ORF kam sogar zu dem Schluss, dass die politisch motivierten Eingriffe in den Wählerwillen so groß waren, um das Ergebnis tatsächlich zu drehen. Konsequenterweise kündigten noch am Wahlabend die CHP, aber auch die MHP, welche der Verfassungsreform eigentlich positiv gegenüberstand, an, die Ergebnisse anzufechten. OSZE, Europarat und unabhängige ausländische Wahlbeobachter kamen übereinstimmend zu dem Schluss, dass es derart viele Manipulationen gegeben habe, dass der Ausgang des Referendums in höchstem Maße fragwürdig ist. In Istanbul, Ankara, Izmir, Adana und anderen Städten gingen Menschen auf die Straße. Aber der »Hohe Wahlausschuss«, der freilich eine AKP-Mehrheit aufwies, bestätigte das Gesamtergebnis und schmetterte alle Einsprüche gegen das Resultat ab. Erdoğan hatte sein Ziel erreicht.

Allerdings um den Preis, dass die Opposition nun noch enger zusammenarbeitete. Sie schloss sich zum »Bündnis der Nation« zusammen, um bei den im Gefolge des Referendums nötig gewordenen Neuwahlen die absolute Mehrheit der AKP zu brechen. Formell gelang das auch, da die AKP auf 42 Prozent absank und nur 295 der nunmehr 600 Mandate errang. Doch da am selben Tag Erdoğan mit 52,6 Prozent der Stimmen als Präsident bestätigt wurde, konnte kein Zweifel daran bestehen, dass die AKP an der Regierung bleiben würde. Tatsächlich bildete er ein neues Kabinett, das aus 19 Männern und einer Frau (zuständig für Familienangelegenheiten und soziale Dienstleistungen) bestand. Erdoğan konnte sich im Parlament darauf verlassen, dass die MHP nicht offen gegen ihn auftritt, obwohl es mit der MHP möglich wäre, jene 301 Abgeordnete zu mobilisieren, die Erdoğan ein Misstrauensvotum hätten bescheren können. Die MHP wurde jedoch mit der Aussicht auf ein Wahlbündnis bei den Kommunalwahlen im März 2019 ruhiggestellt, bei denen die AKP einige Bürgermeisterposten an die Nationalisten abtrat. Allerdings verlor die AKP die Wahl in Istanbul, das daraufhin mit Ekrem Imamoğlu von einem CHP-Vertreter verwaltet wurde, der ob seines Alters – er wurde 1970 geboren – als säkularer Hoffnungsträger gehandelt, allerdings 2022 im Vorfeld der Präsidentschaftswahlen mit einem Politikverbot belegt wurde.

Tatsächlich hoffte rund die Hälfte der türkischen Einwohnerschaft auf einen Machtwechsel im Frühjahr 2023, und dies nicht nur wegen der zunehmend autoritären Tendenzen der Staatsführung, sondern auch weil die Türkei seit Sommer 2018 mehr und mehr in eine ökonomische Krise schlitterte. Schon damals sank der Wert der Lira um 40 Prozent, spätestens ab 2021 war die Landeswährung jedoch im freien Fall. Zahlte man noch 2014 für einen Euro lediglich knapp drei Lira, so waren es im August 2022 bereits fast 18 Lira. Erdoğans Regierung musste zum selben Zeitpunkt eine Inflationsrate von 70 Prozent eingestehen, unabhängige Experten bezifferten die reale Inflation jedoch auf weit über 100 Prozent. Während Firmen dazu übergingen, ihre Geschäfte in US-Dollar abzuwickeln – auch die Gehälter wurden teilweise in dieser Währung ausbezahlt –, so führte die Krise zu einer massiven Verarmung all jener, die ihr Einkommen weiterhin in Lira bezogen, was für Armeeangehörige und Staatsangestellte ebenso galt wie für die auch in der Türkei immer größer werdende Gruppe der Rentner. Damit waren auch Anhänger der AKP von den Nachteilen der Politik Erdoğans betroffen, und die Stimmung erreichte im Herbst 2022 einen neuen Tiefpunkt. Die fortlaufende Herabstufung der Türkei durch internationale Ratingagenturen beschleunigte die Abwärtsspirale weiter, wogegen die Regierung kaum wirksame Maßnahmen fand. Zwar versuchte Erdoğans Finanzminister mit einer Erhöhung des Mindestlohns und punktuellen Preisstützungen, die ärgsten Auswirkungen der Wirtschaftskrise abzufedern, doch die Aussichten blieben trübe.

Der Wahlkampf für die Präsidentschafts- und Parlamentswahlen im Mai 2023 war noch gar nicht richtig angelaufen, als sich am 8. Februar 2023 in der Umgebung von Gaziantep das schwerste Erdbeben seit 1939 ereignete. Zwei weitere, geringfügig schwächere, Beben erschütterten die Region am 20. bzw. 27. Februar. Die Auswirkungen der Naturkatastrophe waren horrend. Allein in der Türkei starben mindestens 50.000 Menschen, über 100.000 wurden verletzt. Nicht minder dramatisch waren die Folgen für die Infrastruktur. Tausende Gebäude stürzten in sich zusammen, in nicht weniger als elf Provinzen brachen Wasser- und Energieversorgung zusammen. Straßen wurden dermaßen zerstört, dass die Rettungskräfte nur unter allergrößten Anstrengungen in die Zentren der Tragödie vordringen konnten, wobei die Winterkälte und starke Niederschläge die Situation zusätzlich verschärften. Die WHO hielt in einem vorläufigen Schadensbericht fest, dass rund 23 Millionen Bürger von der Katastrophe betroffen waren. Starke Schäden gab es nicht nur in Gaziantep, sondern auch in Metropolen wie Adana, Antakya, Malatya oder Diyarbakır. Für zehn bedeutende Städte musste die türkische Regierung den Notstand ausrufen, nachdem eine erste Erhebung ergeben hatte, dass über eine halbe Million Wohnungen eingestürzt oder unbewohnbar geworden war. Insgesamt schätzten Experten die Schäden auf eine Summe jenseits der 100 Milliarden US-Dollar.

Das Krisenmanagement der türkischen Regierung geriet bald in die Kritik. Die Hilfe kam, so der Tenor, teils zu spät, teils verfehlt an, die Versorgung der Betroffenen funktionierte nur schleppend, wie die Regierung generell mit der Gesamtlage überfordert zu sein schien. Nicht zuletzt deshalb begannen immer mehr Beobachter damit zu spekulieren, dass Erdoğan und die AKP bei den bevorstehenden Wahlen abgestraft würden.

Vor allem hinsichtlich einer möglichen Abwahl Erdoğans waren die Erwartungen, zumal im Ausland, hoch. CHP-Urgestein Kılıçdaroğlu war es gelungen, eine breite Anti-Erdoğan-Koalition zu schmieden, die auch von der Linken und den kurdischen Organisationen gestützt wurde. Muharrem Ince, 2018 noch für die CHP angetreten, mittlerweile aber Vorsitzender einer eigenen Partei, zog seine Kandidatur zugunsten Kılıçdaroğlus zurück, sodass schließlich nur drei Personen zur Wahl antraten, wobei man dem dritten Vertreter, einem ehemaligen MHP-Abgeordneten, kaum nennenswerte Stimmenanteile zutraute. Die Umfragen während der Intensivphase des Wahlkampfs sprachen sämtlich von einem Sieg Kılıçdaroğlus bereits im ersten Wahlgang, nur drei Umfragen prognostizierten eine Stichwahl, eine einzige demoskopische Untersuchung sah Erdoğan in der Pole Position. Umso überraschender – und für die Opposition niederschmetternder – war dann das Wahlergebnis am 14. Mai, wonach 27,1 Millionen Wähler für Erdoğan, aber nur 24,6 Millionen Wähler für

Kılıçdaroğlu gestimmt hatten. Zwar reichte Erdoğans Anteil nur für 49,5 Prozent – der Präsident musste damit erstmals in seiner Karriere in eine Stichwahl –, doch bedachte man, dass der dritte Kandidat vor allem von MHP-Anhängern und islamisch geprägten Bürgern gewählt wurde, konnte Erdoğan recht entspannt in den zweiten Wahlgang gehen, den er mit rund 52 Prozent der Stimmen für sich entschied.

Dies umso mehr, als der von den säkularen Kräften erhoffte Umschwung auch bei den Parlamentswahlen ausblieb. Zwar verlor die AKP rund sieben Prozent der Stimmen, blieb aber mit 36,6 Prozent weiterhin mit Abstand die stärkste politische Kraft. Gemeinsam mit der MHP, schon bislang stets Mehrheitsbeschafferin für die AKP, hält Erdoğans Partei im Parlament nunmehr 316 von 600 Sitzen, wobei noch fünf Abgeordnete von der »Neuen Wohlfahrtspartei« hinzukommen, die vom Sohn des ehemaligen Ministerpräsidenten Necmettin Erbakan angeführt wird. Einziges kleines Trostpflaster für die Opposition war der Umstand, das Gesicht gewahrt zu haben. Die CHP gewann leicht hinzu, die kurdischen Organisationen, die diesmal unter dem Dach der »Grünen Linkspartei« (Yeşil Sol Parti) antraten, vermochten ein weiteres Mal in Fraktionsstärke ins Parlament einzuziehen. Erwähnenswert auch, dass mit der 2017 gegründeten »Türkischen Arbeiterpartei« (die aus einer Abspaltung der TKP hervorgegangen war) erstmals in diesem Jahrtausend eine ausgewiesen marxistische Gruppierung den Einzug ins Parlament schaffte, wenn auch nur mit vier Mandataren. Zählt man die bürgerliche »Gute Partei« (IYI Parti) zum Oppositionsblock hinzu, so stehen Erdoğans Fraktionen 279 Abgeordnete gegenüber. Von einer Stärkung der Opposition kann also – entgegen den zuvor veröffentlichen Umfragen – nicht die Rede sein.

Epilog

Hundert Jahre nach Gründung der Republik steht die Türkei alles andere als gefestigt da. Praktisch keines der Probleme, die das Land in den vergangenen hundert Jahren kennzeichneten, ist befriedigend gelöst, zahlreiche weitere Herausforderungen – etwa die enorme Zahl an Flüchtlingen – sind hinzugekommen. Nach wie vor hat die Türkei keine vernünftige Regelung der kurdischen Frage gefunden, auch die 10 bis 12 Millionen Aleviten sind weiterhin Diffamierungen ausgesetzt. Manche Minderheiten sind durch eine völlig verfehlte Politik beinahe verschwunden. So gab es zu Beginn der Republik noch gut und gern 200.000 Griechen in Istanbul und einigen anderen Orten, die vom Abkommen von Lausanne ausgenommen gewesen waren, heute gibt es landesweit kaum noch 2.000 Griechen. Auch die einst durchaus nennenswerte jüdische Gemeinde ist dramatisch geschrumpft. Von dem vergleichsweise weltoffenen Lebensgefühl der ersten Jahre des 21. Jahrhunderts ist gleichfalls wenig geblieben. Und die Aussichten sind erkennbar düster.

Zwar ist das rasante Bevölkerungswachstum in den letzten Jahren etwas abgeflacht, doch ergeben sich bei einer Gesamtpopulation von mehr als 80 Millionen Menschen ganz andere Probleme als zur Zeit der Ausrufung der Republik, als das Land rund 12 Millionen Bürger zählte. Wichtige Beschäftigungsfelder sind in einer ernsten Krise, was die Arbeitslosigkeit wieder steigen lässt. Hatte sie im Jahr 2000 mit 6 Prozent eine sehr niedrige Quote erreicht, so wuchs sie 2019 auf fast 14 Prozent, den schlechtesten Wert seit mehr als 40 Jahren, und bewegte sich in den Jahren danach bei mehr als 10 Prozent. Mehrere politische Entscheidungen rächen sich jetzt. Der Abbau der klassischen Industrie bedingte einen Arbeitsplatzverlust, der in dieser Form nicht kompensiert wurde. Gleiches gilt für das Zurückfahren des Staatsapparats, der ebenfalls vielen Türkinnen und Türken ein Einkommen beschert hatte. Schließlich mussten auch Tourismus und Gastronomie schwere Verluste hinnehmen, dies nicht nur wegen der weltweiten Covid-Maßnahmen, sondern auch wegen Erdoğans Politik, die viele potentielle Urlauber davon abhielt, sich an den Stränden der Türkei zu erholen. Hinzu kommt eine markante Binnenmigration, die manche strukturschwachen Regionen weiter ausdünnt, während anderswo, vor allem in Istanbul, die angespannte Lage weiter verschärft wird. Istanbul wuchs in den ersten 20 Jahren des 21. Jahrhunderts von knapp weniger als zehn auf fast 16 Millionen Einwohner, was sowohl für den Arbeits- als auch für den Wohnungsmarkt entsprechend negative Auswirkungen hat. Die Frage, wie die vielen offenen Problemfelder einer zufriedenstellenden Lösung zugeführt werden können, ist derzeit unbeantwortet.

Dies auch deshalb, weil die Türkei zum gegenwärtigen Zeitpunkt ihren eigenen Standort nur schwer bestimmen kann. Die europäische Perspektive scheint mittlerweile vollkommen unrealistisch zu sein. Vor einigen Jahren brachte es ein türkischer Politiker launig mit »Ihr tut so, als wolltet ihr uns aufnehmen, wir tun so, als wollten wir beitreten« auf den Punkt, heute ist nicht einmal mehr ein Pro-forma-Agieren erkennbar. Doch auch der Versuch, sich als Regionalmacht oder, wie zu Zeiten des Osmanischen Reiches, die Führung der islamischen Welt anzustreben, scheint zumindest vorerst gescheitert. Und gegenwärtig ist auch niemand in Sicht, der Präsident Erdoğan beerben, geschweige denn, dass jemand dessen Machtfülle innehaben könnte.

All das wirft die Frage auf, weshalb die AKP immer noch eine derart große Gefolgschaft hinter sich vereinen kann. Dies liegt auch an der Schwäche der Linken im Lande. Es gab, sieht man von wenigen Momenten in der Geschichte des ausgehenden 20. Jahrhunderts ab, keine starke Sozialdemokratie, und die marxistische Linke war und ist derart zersplittert, dass sie weit davon entfernt ist, ein politischer Faktor zu werden. Vor allem aber verdichteten sich die Konflikte im 21. Jahrhundert mehr und mehr auf die Pole säkular versus religiös, eine Zuspitzung, die linken Entwürfen generell einen schweren Stand verleiht. In der ehemaligen Staatspartei CHP gab es zwar immer wieder sozialdemokratische Ansätze, doch können die zumindest solange nicht mehrheitsfähig werden, solange die Partei um eine tendenziell religiöse Mitte buhlen muss, um auf nationaler Ebene wieder regierungsfähig zu werden. Bei allen relativen (Wahl-)Erfolgen linker Parteien in den 2010er und Anfang der 2020er Jahre: Eine stärkere, klar ausgewiesene linke Kraft wäre zwar wünschenswert, ist derzeit aber kaum in Sicht. Doch die politischen Wendungen in der Geschichte der Türkei geben zugleich Anlass zu der Hoffnung, dass sich das dereinst ändern mag.

Literatur

Fikret Adanir: Geschichte der Republik Türkei. Köln 1995

Fikret Aslan / Kemal Bozay (Hg.): Graue Wölfe heulen wieder. Türkische Faschisten und ihre Vernetzung in Deutschland, 3. Aufl. Münster 2012

Ilker Atac / Michael Fanizadeh: Türkei. Kontinuitäten, Veränderungen, Tabus. Wien 2016

Yavuz Baydar: Die Hoffnung stirbt am Bosporus. München 2018

Kemal Bozay / Hasan Kaygısız: Der neue Sultan. Die Türkei zwischen Repression und Widerstand. Köln 2017

Nikolaus Brauns / Murat Çakir (Hg.): Partisanen einer neuen Welt. Eine Geschichte der Linken und Arbeiterbewegung in der Türkei. Berlin 2018

Gazi Çağlar: Die Türkei zwischen Orient und Okzident. Eine politische Analyse ihrer Geschichte und Gegenwart. Münster 2003

Ömer Erzeren: Der lange Abschied von Atatürk. Türkei – ein Land in der Zerreißprobe: Reportagen, Kommentare, Analysen. Berlin 1997

Haluk Gerger: Die türkische Außenpolitik nach 1945. Vom »Kalten Krieg« zur »Neuen Weltordnung«. Köln/Karlsruhe 2008

Halil Gülbeyaz: Mustafa Kemal Atatürk. Vom Staatsgründer zum Mythos. Berlin 2003

Cengiz Günay: Geschichte der Türkei. Wien 2012

M. Şükrü Hanioğlu: Atatürk. Visionär einer modernen Türkei. Darmstadt 2015

Brigitte Heinrich / Jürgen Roth: Partner Türkei oder Foltern für die Freiheit des Westens. Reinbek bei Hamburg 1973

Klaus Kreiser: Geschichte Istanbuls. Von der Antike bis zur Gegenwart. München 2010

Klaus Kreiser: Atatürk. Eine Biographie. München 2014

Klaus Kreiser: Geschichte der Türkei. Von Atatürk bis zur Gegenwart, 2. Aufl. München 2020

Klaus Kreiser / Christoph K. Neumann: Kleine Geschichte der Türkei. Stuttgart 2008

Klaus Kreiser / Christoph K. Neumann: Geschichte des Osmanischen Reichs und der modernen Türkei, 3. Aufl. Stuttgart 2020

Walter Markov / Ernst Werner: Geschichte der Türken von den Anfängen bis zur Gegenwart. Berlin (Ost) 1978.

Charles Pauli: Türkei. Hinter den Kulissen eines Wirtschaftswunders. Frankfurt a. M. 1990

Maurus Reinkowski: Geschichte der Türkei. Von Atatürk bis zur Gegenwart. München 2021

Eberhard Schmitt (Hg.): Türkei. Geschichte – Ökonomie – Politik. Berlin (West) 1985

Alev Scott: Turkish Awakening. London 2014

Ömer Seven (Hg.): Türkei zwischen Militärherrschaft und Demokratie, Hamburg 1984

Udo Steinbach: Geschichte der Türkei. München 2000

Deniz Yücel: Taksim ist überall. Die Gezi-Bewegung und die Zukunft der Türkei. Hamburg 2014

VERLAGSANZEIGE

Andreas Pittler

Geschichte Österreichs

Basiswissen Politik / Geschichte / Ökonomie

Pocketformat
127 Seiten; € 9,90 [D]
ISBN 978-3-89438-679-5

Jahrhundertelang war »Österreich« Teil des Habsburgerreiches. Im Gefolge des Ersten Weltkrieges aber zerbrach die Donaumonarchie in ihre Bestandteile, und »Österreich« war, so der französische Regierungschef Clemenceau, »was übrigblieb« – und wurde Republik. Andreas Pittler setzt bei diesem neuen Kapitel an und schildert die enormen Schwierigkeiten, denen sich der neue Staat in der Zwischenkriegszeit gegenübersah. Wie auch in Deutschland wurde 1918 die Chance verpasst, dem Land eine antikapitalistische Alternative zu geben, Folge davon war der ruhmlose Untergang eines Staates, den keiner wollte. Pittler behandelt sodann den antifaschistischen Widerstand, zunächst gegen die ständestaatliche Diktatur, dann gegen das nazistische Terrorregime. Schließlich schildert er die Entwicklung Österreichs nach der Befreiung vom Faschismus und den Aufstieg seiner »Zweiten Republik«. Abgerundet wird der Band mit jüngeren politischen Entwicklungen.